PHILOSOPHY

人民日报学术文库

农业科技进藏

产业扶贫迪庆实践探索与理论研究

李永忠 | 主编

人民日报出版社
北京

图书在版编目（CIP）数据

农业科技进藏：产业扶贫迪庆实践探索与理论研究 /
李永忠主编．—北京：人民日报出版社，2021.4
ISBN 978-7-5115-6984-4

Ⅰ.①农… Ⅱ.①李… Ⅲ.①农村—科技扶贫—研究
—迪庆藏族自治州 Ⅳ.①F323.8

中国版本图书馆 CIP 数据核字（2021）第 057527 号

书　　名：农业科技进藏：产业扶贫迪庆实践探索与理论研究
　　　　　NONGYE KEJI JINZANG：CHANYE FUPIN DIQING SHIJIAN
　　　　　TANSUO YU LILUN YANJIU
主　　编：李永忠

出 版 人：刘华新
责任编辑：宋　娜
封面设计：中联华文

出版发行：人民日报出版社
社　　址：北京金台西路 2 号
邮政编码：100733
发行热线：（010）65369509　65369846　65363528　65369512
邮购热线：（010）65369530　65363527
编辑热线：（010）65369521
网　　址：www. peopledailypress. com
经　　销：新华书店
印　　刷：三河市华东印刷有限公司
法律顾问：北京科宇律师事务所　　（010）83622312

开　　本：710mm×1000mm　1/16
字　　数：185 千字
印　　张：15.5
版次印次：2021 年 6 月第 1 版　　2021 年 6 月第 1 次印刷

书　　号：ISBN 978-7-5115-6984-4
定　　价：95.00 元

本书编委会

主　　编　李永忠

副主编　杜发春　李国治　路　遥　许　锐

编　　委　李文峰　包函可　杨益成　陈　晓
　　　　　李学坤　方　文　窦　薇　鲁茸拉木
　　　　　张　虎　周子翔

前　言

2015 年 8 月，习近平总书记在中央第六次西藏工作座谈会上强调，必须坚持治国必治边、治边先稳藏的战略思想，坚持依法治藏、富民兴藏、长期建藏、凝聚人心、夯实基础的重要原则。2019 年 8 月，习近平总书记在中央第七次西藏工作座谈会上进一步指出，必须把改善民生、凝聚人心作为经济社会发展的出发点和落脚点，贯彻新发展理念，聚焦发展不平衡不充分问题，以优化发展格局为切入点，以要素和设施建设为支撑，以制度机制为保障，统筹谋划、分类施策、精准发力，加快推进高质量发展。习近平总书记关于西藏工作的重要论述在我们党的历史上第一次深刻、透彻、全面地阐明了治国、治边、稳藏的内在关系，为新时代做好迪庆工作提供了基本遵循。

在习近平总书记治藏战略思想和习近平总书记考察云南重要讲话精神指引下，迪庆州坚决贯彻执行党中央精准扶贫、精准脱贫方略，推动脱贫攻坚斗争取得新胜利。迪庆州干部群众发扬"海拔高站位更高、困难大干劲更大，缺氧不缺精神、艰苦不怕吃苦、幸福不忘党恩"的斗志，把脱贫攻坚作为最大的政治责任、最大的民生工程和最大的发展机遇，向深度贫困堡垒发起攻坚战、大会战。

在脱贫攻坚战场上，迪庆州干部群众树牢"四个意识"、坚定"四个自信"、做到"两个维护"，以习近平总书记关于扶贫工作的重要论述为行动指南，统一意志、统一行动、统一步调，强力推动中央、省委各项决策部署落到实处。坚持以人民为中心的发展思想，坚决贯彻落实中央、省委提出的各项要求，做到党政齐抓共管、部门各负其责、社会广泛参与，合力攻克贫困堡垒，确保小康路上不落下一个贫困村组、不抛下一个贫困群众，走开发式扶贫的路子，把脱贫攻坚同实施乡村振兴战略有机结合起来，用脱贫举措促进乡村振兴，加快经济社会发展步伐。坚持把脱贫攻坚作为夯实党的基层基础的最大民心工程，密切党群干群关系、夯实党在迪庆执政基础。州委、州政府坚持抓党建促脱贫攻坚，深入实施迪庆党建"红旗工程"，喊响做实"拥护核心、心向北京"教育，在扶贫战线打牢"身在迪庆、心向北京"的思想基础，凝聚起奋战脱贫攻坚的磅礴力量，画好最大同心圆，实现党心民心空前同心，提高贫困治理能力。一是以产业发展推动脱贫攻坚，积极引导贫困户自愿选择适合自己发展的特色产业，对于无劳动能力的贫困户，实行产业扶贫兜底，组织农民专业合作组织。选树集体经济经营主体，带动贫困户脱贫。二是实施易地扶贫搬迁，实施危房改造工程。3601户易地搬迁户13879人全部住进了新房，实施危房改造64417户，让危房户告别了危房，住上了新房，实现了"清零"目标。三是开展智力扶贫，着力构建覆盖迪庆州所有贫困人口教育发展的倾斜扶持工作机制，严格落实学前教育、义务教育、普通高中等各类教育扶贫优惠政策，确保没有一名学生因贫失学、没有一户贫困户因学返贫。

2020年5月17日，中央电视台《新闻联播》播出：经云南省政府批准维西傈僳族自治县等31个县（市、区）退出贫困县序列。至此，迪庆州已完全实现脱贫摘帽（2018年迪庆州香格里拉市、德钦县已脱贫摘帽），累计实现净脱贫19045户72560人，贫困发生率由2015年的24.95%下降到0.53%，贫困人口减少至508户1579人；147个贫困村全部出列。迪庆人民获得感、幸福感、安全感不断增强，贫困群众过上了更有尊严、更加体面的生活，有力确保了迪庆各族群众与全国、全省一道同步迈入小康社会。

迪庆州脱贫攻坚实践积淀了宝贵的经验，具有较大启示意义。

一是不断提振志气。扶贫先扶志，脱贫攻坚战贵树立志向。迪庆州干部群众坚持精神引领、激发斗志，用耐心、细心唤醒脱贫攻坚的信心和决心。

二是把扶智作为脱贫攻坚根本之策。坚持把"短期输血"与"增强造血功能"有机结合，重点培育贫困群众发展生产和务工经商的基本技能，提高贫困群众自我发展能力。至今，累计开展各类种养殖业技术培训2.7万人次，就业培训2.7万人次，实现新增农村劳动力转移就业4.2万人次、建档立卡贫困人口转移就业1.2万人次。从思想上拔穷根、壮底气，打牢"等不是办法，干才有出路"的思想根基，彻底改变"靠着墙根晒太阳，等着别人送小康"的被动局面。

三是凝聚脱贫攻坚合力。打赢脱贫攻坚战，人民群众才是主体。在脱贫攻坚战中，通过深入开展感恩教育，让贫困群众深知，脱贫攻坚政策是党中央对贫困群众的深切关怀，"好日子是干出来的""幸福都是奋斗出来的"的理念，进一步坚定人民群众听党话、跟党走的决心，凝聚群众脱贫攻坚的力量。

迪庆州脱贫攻坚战的胜利有云南农业大学"迪庆州科技服务团"科技进藏精准扶贫之力。云南农业大学充分发挥学校科教和人才资源优势，以农学与生物技术学院、动物科学技术学院、植物保护学院、食品科学技术学院、经济管理学院、新农村发展研究院等学院和部门的专业对口的 13 名专家学者作为成员，走进迪庆州开展以实现脱贫致富为目标的"造血式"科技扶贫工作，为迪庆州脱贫减贫输入了内生动力。科技进藏服务团设畜牧养殖、植物保护、中药材种植、农产品加工、农业信息化、经济管理与政策咨询 6 个技术服务组，科技扶贫涉及种植、养殖、产业规划、特色树培、技术培训、技术指导、农业信息化建设、产品加工、组织农民专业合作社、科技示范基地技术、专家工作站建设、农林产品市场开拓、电子商务、基层组织建设等诸多方面。经过长时间不断探索，云南农业大学逐步创造出了一系列卓有成效、特色明显的科技扶贫模式，帮扶成效得到迪庆州贫困群众的一致称赞，为农业院校科技扶贫工作提供了示范。

本书作为云南农业大学在迪庆州开展科技扶贫工作的真实记录，旨在生动展示专家教授深入迪庆州基层一线开展重大技术攻关、示范基地建设、巡回技术指导、本土人才培训、产业发展评估、产业规划编制等科技服务活动，反映科技专家用科学严谨的态度在深度贫困地区"真扶贫、扶真贫、真脱贫"的扶贫成果。

目　录
CONTENTS

第一部分 01

综合篇

第一章

科技进藏助力迪庆脱贫基本经验

2013 年，习近平总书记在湖南湘西考察时首次提出了"精准扶贫"新思想、新要求，从此我国全面启动实施了精准扶贫这一"人类史上最伟大工程"。我国精准扶贫取得了举世瞩目的成就，为人类减贫事业做出了巨大贡献。高等院校作为人才培养、科技创新的主阵地，拥有丰富的教育、科技、人才资源，在精准扶贫工作中优势突出且具有较强的辐射示范效应。高等院校尤其是农业院校发挥农业科技人才优势，创新模式参与精准扶贫，是贯彻落实国家重大战略部署、推进我国全面建成小康社会的必然要求，是植根于地方为区域经济社会发展服务的重要途径，也是促进自身发展的客观需要。

云南农业大学在精准扶贫实践中不断探索创新，以实现脱贫致富为目标，以"造血式"扶贫为途径，以培育内生动力为根本，逐步创立了一系列成效显著的扶贫模式，具有可学习、可复制、可推广的重要特点。总结独具特色、效果显著的精准扶贫模式，增强农业院校扶贫工作的示范性、影响力和实效性，使农业院校精准扶贫实践从探索性、自发性的学校单独行为上升为国家全局性、示范性和长效性的社会扶贫模式，有利于更好地发挥高等院校优势，推进扶贫工作、确保持续脱贫致富奔小康的发展目标。

2014 年 7 月 12 日，云南农业大学与德钦县人民政府签订"3 + 3"校县合作协议。校党委书记、新农村发展研究院院长张海翔，德钦县委书记冯玉祥等出席了签字仪式（图 1 - 1）。

图 1 - 1　云南农业大学与德钦县人民政府签订协议

协议充分发挥学校的学科、人才及科研资源优势，助推德钦县在牦牛、藏香猪、葡萄酒等特色农业产业方面发展；依托新农村发展研究院、云南农村干部学院等平台开展迪庆州涉农干部及农业科技人才培训；通过定向培养少数民族高层次人才的方式为德钦县经济社会发展提供人才支持。同时，开展教育扶贫和文化扶贫：向位于金沙江畔德钦县奔子栏镇、由奔子栏镇和羊拉乡 20 多所小学集中办学而成的德钦县第二小学捐款 10 万元，支持迪庆州少数民族基础教育发展（图 1 - 2）；在羊拉乡开展结对扶贫，建立并实施社区发展循环基金；为羊拉乡编修《德钦县羊拉乡志》，取得了良好的社会效益和经济效益。

图 1 - 2 云南农业大学新农村发展研究院捐款资助小学教育

云南农业大学党委书记、新农村发展研究院院长张海翔,党委委员、党办校办主任李国春,德钦县委书记冯玉祥,德钦县县长格桑朗杰等出席捐款仪式。

2016 年云南农业大学贯彻省委组织部召开的"科技进藏"会议精神,充分发挥科教优势和人才优势,通过层层把关、择优聘用等方式,从农学与生物技术学院、动物科学技术学院、植物保护学院、食品科学技术学院、经济管理学院、新农村发展研究院等部门遴选了 13 名专家教授作为成员,由时任云南农业大学副校长李永忠教授担任团长,组建了一支学科结构合理、专业知识精、服务意识强的农业科技进藏专家服务团队,设畜牧养殖、植物保护、中药材种植、农产品加工、农业信息化、经济管理与政策咨询 6 个技术服务组。服务团专家成员任技术服务组长,在团长的统一领导下,带领自己的项目创新团队重点开展产业发展评估、产业规划编制、重大技术攻关、示范基地建设、巡回技术指导、本土人才培训等工作，深入迪庆州基层一线从事科技服务活动。

"迪庆州科技服务团"坚持对象筛选精准、项目安排精准、资金使用精准、措施到户精准、因地施策精准、脱贫成效精准的原则，根据具体帮扶对象"对症下药""靶向治疗"，以"严、实"精神，用科学、严谨的态度真正做到"真扶贫、扶真贫、真脱贫"。截至2020年5月，云南省迪庆州已实现全部脱贫摘帽。

成绩来之不易，经验弥足珍贵。云南农业大学"迪庆州科技服务团"科技进藏精准扶贫之经验总结如下。

一、依靠科技进步，强化产业带动

依靠科技进步促进脱贫产业发展。充分发挥云南农业大学的科技、人才资源优势，将科技扶贫与人才培养、科学研究紧密结合，以社会需求为导向培养应用型人才，面向社会领域主动开展科学研究，以科技扶贫拓展人才培养、科学研究的内涵和空间。以贫困地区产业发展需求为目标，精准实施"六个一"产业培育行动计划，即围绕一个产业、遴选一名专家、带领一个团队、服务一个农民合作组织、促进一个扶贫产业发展、带动一批贫困户脱贫致富。按照"支部共建＋能人管理＋农户参与"的模式，帮扶农民专业合作社，吸纳建档立卡贫困户加入专业合作社，开展科技示范和技能培训，建立产业示范基地。通过基层党建与精准扶贫"双推进"，贫困户家庭收入明显增加，农民科技素质显著提升，整体推进当地产业化水平。探索"科研成果转化＋大学生实习实践＋精准扶贫"模式，将扶贫工作与科研成果转化、农民合作社、市场开拓、土地资源利用相结合，与教师职称评审、职务晋升相挂钩。通过构建教学、科研、推广、生产"四结合"科技扶贫育人新模式，丰富教学资源、保障实践教学，学生实践动手能力显著增强、教师科研推广能力明显提升，理论教学从课堂延伸到课外，实践教学从实验室延伸到生产一线，人才培养从校内延伸到校外。鼓励教师积极参与扶贫工作，实行推广型教授、副教授评审，将扶贫业绩作为干部提拔使用的重要依据，引导广大教师到生产一线开展扶贫工作，把论文写在大地上①（图1-3）。

图1-3　云南农业大学与迪庆州召开科技进藏工作座谈会

二、开展教育培训，提升劳动技能

开展教育培训（图1-4），提高贫困村农民的种养殖技术水平，改变农民传统的低产低效生产方式，提升贫困村农民的劳动致富能力，是开展扶贫工作的关键环节。只有自觉地运用科学技术尽快改变贫困落后

---

① 陈晓，沙本才，李国治. 农业院校精准扶贫实践与模式研究——基于云南农业大学在姚安的扶贫案例［J］. 云南农业大学学报（社会科学），2018，12（6）：29-35.

的生产方式，才能使贫困地区的劳动人民富裕起来。实施农民素质提升工程，对农户开展劳动技能、种养技术、市场信息培训和宣传。鼓励社会培育"种养业实训基地"，组织农民到基地打工、实习、参观考察，开阔眼界，增强种养能力。坚持产教结合、校企合作、工学结合，引导社会各界，特别是行业企业支持职业教育发展。要按照这一要求，转变传统教育观念，着力解决职业教育与产业发展的脱节问题，在办学体制、教学手段、教学管理等方面创新机制，不断提升职教扶贫对就业的推动作用。

图1-4 迪庆州农业科技人才培训班汇报交流学习成果

三、丰富扶贫模式，完善精准措施

云南农业大学在精准扶贫实践中立足教育、科技、人才资源优势不断创新扶贫模式。围绕迪庆州产业扶贫需求组装项目团队，深入实施"六个一"产业培育行动计划；将学校中心工作与迪庆州精准扶贫深度融合，实施"五结合"系统扶贫模式，实现学校工作与迪庆州精准扶贫相辅相成，协调发展（图1-5）；发挥高校基层党建优势，与迪庆州开展"双联系—共建双推进"活动，切实增强党建在扶贫工作中的示范引领作用；打造"羊拉精神"，创新探索并形成了脱贫攻坚的"羊拉七子经验"。

图1-5　云南农业大学专家实地考察指导牦牛养殖场

（一）"六个一"产业培育行动计划

以迪庆州产业发展需求为目标，云南农业大学充分发挥多学科与平台团队综合优势，实施了"六个一"产业培育行动计划，针对一个产业，选派一名专家，领衔一个团队，对接一个合作社，发展一个产业，促进一批农户脱贫。结合全县产业基础与发展前景，云南农业大学专门设置了中药材种植、特色养殖、种养业产品精深加工、农业信息化、人才培养、手工编织、教育扶贫、文化扶贫等12项精准扶贫项目，围绕项目成立了团队，明确了负责人，深入推进产业扶贫，具体的组织运作模式见图1-6。

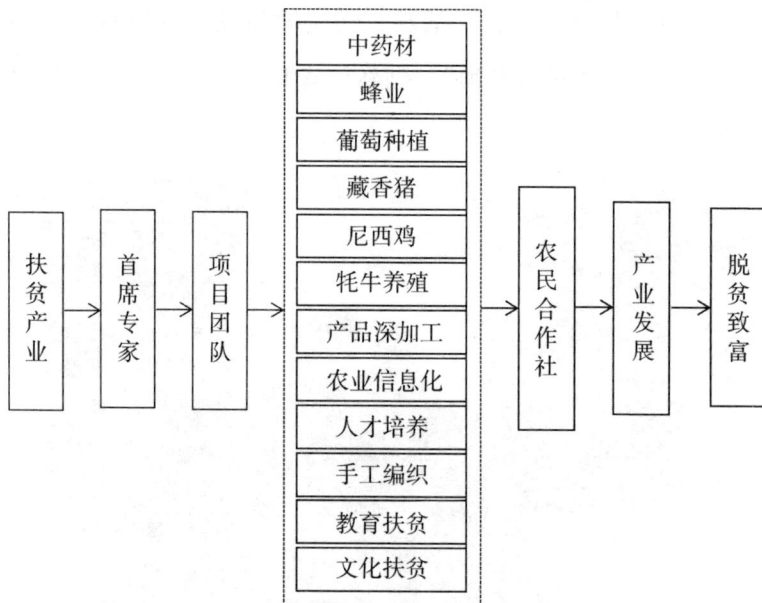

图1-6 "六个一"产业培育行动计划运作模式图

（二）"五结合"系统扶贫模式

云南农业大学围绕精准扶贫工作的重大需求，将办学过程中的各种资源优势与扶贫任务精准对接，将扶贫工作与学校学生实习实践及创新创业、农民合作社建设、科学研究成果转化应用、农产品市场销售网络构建、农民土地资源规模化利用结合起来，全面实施"五结合"系统扶贫模式。同时将扶贫工作与教师职称评聘、职务晋升相挂钩，扶贫工作做得好的老师可获得优先提拔和晋升高一级职称，在职称系列评聘中实行了推广型教授、副教授评审，并且制度化，引导广大教师到生产一线开展扶贫工作，把论文写在大地上（具体要素分析见表1-1）。将学生的实习实践教学尽量安排在扶贫点上，教学经费有效弥补了扶贫经费不足的问题。要求广大教师将科研课题尽量安排在扶贫点进行，既可完成科研任务，又起到了科技示范作用，还解决了部分经费问题。积极开拓扶贫点农产品销售市场，引导学校毕业生创立的企业介入扶贫工作，将扶贫点的蔬菜、肉类等一系列生态农产品直接配送到学校社区超市和师生食堂；同时还激励涉农毕业生创办的企业把基地建在扶贫点，建设大学生农场，学校派出专家示范推广种植、养殖新技术、新品种，转化应用学校科研成果。

表1-1 "五结合"系统扶贫模式要素分析

融合要素	具体措施	工作成效
大学生实习实践及创新创业	实施大学生实习实践、创新创业项目，毕业生创办企业，建设大学生农场，推广新技术和新品种，开展物流配送	提高大学生实践技能、创业就业能力，提升毕业生就业率
农民专业合作社	领办农民合作社，吸纳贫困户成为社员，构建利益联结机制，建立示范基地，开展科技示范，带动产业发展	提升产业发展规模效益
科研成果转化	实行推广系列职称评审，将学生实习、教师科研安排在扶贫点上，做好科技示范和技术推广	提高教师参与扶贫的积极性和主动性，促进科研成果转化
市场开拓	培育扶贫点生态农产品品牌，构建生态农产品营销网络，农产品直通学校食堂、教工社区以及大型超市	畅通扶贫点生态农产品销售渠道，提高生产收益
土地资源利用	土地流转规模化经营，贫困户土地入股合作社，建立科技示范基地，抵御市场风险	贫困户资源变资产，促进增收脱贫

（三）"基层党建共建、党建扶贫双推进"结对帮扶模式

云南农业大学全方位开展结对帮扶活动，充分调动学校、党员干部、基层党组织等各方面工作的积极性和主动性，全面推进"学校基层党组织与贫困村基层党组织结对共建，党建与扶贫双推进"活动。团队坚持"党建带扶贫，扶贫促党建"的工作思路，选派作为党员的专家，组建了藏香猪新品系养殖项目党员团队，与洛吉乡绿源生态种养合作社党支部结对共建；依托藏香猪新品系选育专业优势，按照"支部共建＋专业合作社＋基地＋贫困户"的模式，在香格里拉市绿源生态种养专业合作社社员中选择有养殖意愿的建档立卡贫困户200余户进行新品系藏香猪养殖中试；充分发挥基层党组织的战斗堡垒作用和党员的先锋模范作用，在支部共建、技术帮扶、产业发展中，由合作社基地垫资提供仔猪给合作社社员饲养，无偿提供技术服务，统一收购、统一屠宰、统一销售。合作社社员饲养每头藏系杂优猪产生净利润1200—1500元；在基层党建共建有效催化下，实现了"科技＋产业＋专业合作社＋精准扶贫"的有机结合，缩短了成果转化的时间，促进了农民增收。基层党建在脱贫攻坚中的示范引领作用进一步加强，最大限度地凝聚了精准扶贫的正能量。

（四）"羊拉精神"与脱贫攻坚的"羊拉七子经验"

云南农业大学新农村发展研究院对口帮扶的羊拉乡位于滇、川、藏三省（区）接合部，被誉为"云南北大门"，是云南省最后一个通公路的乡，经济社会条件差，属于国家深度贫困地区。团队在深度调研与持续扶贫过程中，深入挖掘当地人民不畏艰辛、不计回报、默默坚守、攻坚克难、坚韧不拔、爱岗敬业、忠诚奉献的崇高精神，凝练出"特别能吃苦、特别能战斗、特别能奉献、特别能协作"的"羊拉精神"，又

通过创新探索，形成了脱贫攻坚的"羊拉七子经验"：（1）"班子"——组织建设，筑牢脱贫攻坚的战斗堡垒；（2）"路子"——基础设施，夯实脱贫攻坚的硬件支撑；（3）"票子"——发展产业，拓宽群众增收致富渠道；（4）"房子"——住有所居，实现贫困群众的安居保障；（5）"对子"——社会帮扶，形成脱贫攻坚的强大合力；（6）"本子"——建档立卡，奠定精准脱贫的识别基础；（7）"孩子"——教育优先，消除贫困根源，拓宽群众增收的致富渠道。团队在迪庆深度贫困地区脱贫攻坚过程中形成的"羊拉精神"与"羊拉七子经验"生动诠释了习近平总书记提出的"依法治藏、富民兴藏、长期建藏、凝聚人心、夯实基础"的治藏原则。

第二章

农业科技人才培训

云南农业大学农业科技进藏服务团围绕迪庆州特色优势产业发展，结合群众提高自身科技素质的需求，通过专题讲座、现场技术示范等形式开展职业技能培训和农村实用技术培训。通过培训，不但提高了贫困群众的科学素养，也激发了农民学科技、用科技的积极性和依靠科技致富的能力。迪庆州围绕精准脱贫的目标要求，大力培养农业领域的各类科技人才，为农业产业发展和农村居民增收提供科技服务。一方面深入推行科技特派员制度，加大脱贫攻坚智力支持，同时以项目、补助资金等方式支持特派员开展专家授课、现场指导、技术服务等工作，为贫困户提供技术指导服务；另一方面，积极推荐相关专业技术人员申报国家"三区人才专项计划"，并充分发挥州内外农业高校、科研院所的技术、人才优势，借力项目团队协作开展产业扶贫，借力科技成果转化推动科技扶贫。

一、迪庆农业科技现状特征分析

（一）迪庆州农业科技的特点

1. 公益性科技服务是推动迪庆州农业科技进步的主力军

迪庆州农业科技服务主要围绕农业基础研究、技术创新、试验示范推广、环境保护、农业工程及肥料管理、病虫害监测防治、农药管理、农产品质量安全监督、疫病防控监测、农业产业化合作组织经营等工作，为农业产业、农村经济发展提供产前、产中、产后综合服务。

依托单位主要为州、县（市）、乡镇三级公益性事业技术机构和州内重点农业龙头企业。其中州级公益性事业技术服务机构包括州农科所、农技推广中心、植保站、农检中心、疫控中心、农机站等14个站所，目前在编技术人员127人；三县（市）一区包括香格里拉市、德钦县、维西县、开发区，农业服务机构有县（市）农技推广中心、土肥站、种子站、畜牧站、水产站、农经站、开发区农业科技服务中心等31个站所，目前在编人员278人；迪庆州29个乡镇，有农业综合服务中心29个，农业服务机构包括乡镇农技站、兽医站、农经站、农机站等站所。截至2019年10月，迪庆州有农业科技在职在编技术人员730人。迪庆州公益性农业科技人员工作经费、福利待遇等统一纳入州级财政预算管理，人员实行聘用制度，定期开展考评，并通过加强继续教育学习等渠道，提升科技人员的服务水平。强大的人才队伍及经费支持保障了"现代农业产业技术体系""高效栽培技术集成""农民增收途径研究"等基础研究课题的顺利实施，确保了"优质高效技术推广""高标准农田建设""土地确权""病虫害绿色防控""农业环境保护"等科技推广项目得到有效落实，提高了迪庆州农业农村科技覆盖率及贡献率，为迪庆州高原特色农业发展、脱贫攻坚及农业科技发展提供了支撑。

迪庆州重点农业龙头企业有香格里拉酒业、香格里拉藏龙集团、迪庆香格里拉碧罗雪山生物科技有限公司、迪庆香格里拉舒达有机食品有限公司、维西县康邦美味绿色资源开发公司等40余家。这些企业主要以迪庆州优势特色产业为发展基础，进行新产品的研发、加工等技术创新。通过多年的研发及创新，企业高附加值创新产品越来越多，具有影响力的主打品牌有"大藏秘""圣域""拍巴拉冰酒""维西百花蜜""康邦核桃油"，以及"藏龙"系列畜牧产品和"蓝琉璃系列藏药"等。企业的科技创新能力不断增强，产品在市场上的占有率也逐步提高。为提高企业的技术创新能力、品牌建设能力、市场竞争力奠定了坚实基础，同时培育了企业的科研机构，提高了企业的研发能力。

2. 农业科技助力农业发展，融入农业农村全方位服务

农业科技是农业农村发展的支撑和保障。随着农业大数据时代的到来，人工智能化和科技化的应用将尤为明显。近年来，通过农业科技的不断驱动创新，迪庆州特色产业也呈现出规模化发展态势，形成了以葡萄、中药材、特色畜禽、食用菌、青稞、蔬菜、木本油料为主的七大特色产业发展布局。香格里拉市以发展肉牛（牦牛）产业为主，德钦县以发展葡萄产业为主，维西县以发展中药材产业为主，确定了"一县（市）一业"的发展总目标。

随着国家机构改革、职能转变的不断深入，农业科技队伍服务半径不断扩大和服务内涵不断丰富，科技服务正从单一的农业基础研究向农业农村全方位发展的基础研究转变；从单一的农业增产向农业高效、优质发展转变；从单一的农民增收向农村全面发展转变。农业科技服务涵盖了农业基础研究、农业科技推广、农村集体经济发展、农业产业结构调整、农业基本建设、农村清产核资、农村人居环境建设、农业环境污染等全方位和全产业链的服务。

3. 农业科技推广创新能力不断增强，基层百姓真正受益

随着农业农村服务领域的不断扩大和农业基础科研力度的不断加大，迪庆州农业科技创新水平得到有效提高。迪庆州主要推广农作物优质良种良法，绿色高质高效创建技术，立体间套作技术，病虫害综合防控技术，土地深松旱作、节水灌溉、配方施肥技术，动物疫病防控、冻精改良技术，农村人居环境综合整治、农民增收模式探索与示范等农业农村发展综合技术。迪庆州每年培训指导农民达到 2 万人次以上，做到每家农户都有一个科技明白人；农民的科技素养得到了提升，农民在科技应用及推广中得到了实惠。迪庆州农业科技普及率显著提高，有力地提高了农业生产水平，极大地促进了农业产业化发展，保障了农业持续实现节能增效增收和农村全面发展。

4. 部分县、乡镇农业科技人员基本情况①

德钦县有县、乡级 25 个农业科技站所，共 135 人，其中男 66 人、女 69 人。从学历层次上来看，大学本科 72 人，占总人数的 53.3%；大学专科 53 人，占总人数的 39.3%；中专及以下学历 10 人，占总人数的 7.4%。其中，继续教育农业相关专业函授 44 人（非专业跨行调动攻读较多），占总人数的 32.6%。从职称等级上来看，高级职称 23 人，占总人数的 17%；中级职称 16 人，占总人数的 11.9%；助理 63 人，占总人数的 46.7%；技术员 30 人，占总人数的 22.2%；未定级 3 人，占总人数的 2.2%。从农业科技工作的招录选聘方式上来区分，通过公开招录 108 人（本专业人数占 82.4%，不限专业 19 人），占总人数的

---

① 扎都，张凡，斯那七皮. 全力推动迪庆州农业科技实现跨越发展［J］. 云南农业，2020（3）：39 - 42.

80%；调动20人，占总人数的14.8%（其中跨行业调动18人，占总人数的13.3%）。从在岗情况来看，在编在岗120人，占总人数的88.9%；在编不在岗15人，占总人数的11.1%，其中村支部书记9人，乡镇办公室6人；兼职21人，占总人数的15.6%。从从事本专业工作区域分布来看，县级专业技术人员54人，占总人数的40%；基层乡镇从业人员81人，占总人数的60%。

对维西县维登乡农业综合服务中心农技站、兽医站、农经站、农机站4个站所进行的科技人员队伍情况调研显示，4个农业服务站共有编制13人，目前在编在岗12人，空编1人；有高级职称技术人员2人、中级职称3人、初级职称6人、试用期1人。其中农技站实有6人，学历本科3人、大专3人，专职从事农技工作仅有1人，其余5人都兼职从事扶贫、维稳、党建等工作；兽医站实有4人，空编1人，学历大专1人、中专3人；农经站实有1人，学历中专，主要从事农村经济调查、统计、分析，农村经济及财务管理等工作；农机站实有1人，学历本科，主要负责农机新技术、新机具的应用推广，农机产品使用质量监督，农机安全宣传教育等工作。

（二）迪庆州农业科技发展优势

1. 地理、资源优势

迪庆藏族自治州位于云南省西北部，辖三县（市）一区，迪庆州面积23870平方公里，耕地面积5.53万公顷，地处青藏高原南沿，横断山脉腹地，是滇、川、藏三省（区）交界处。境内巨大的海拔高度差和江河纵深切割形成了不同的垂直气候带，造就了独特的"一山分四季，十里不同天"的自然景象。迪庆州丰富的自然资源和生物多样性，被誉为天然的"物种基因库"和"动植物王国"。依托自然优势，迪庆州优势农业产业实现了高原坝区以发展青稞、食用菌、特色畜禽等产业为主的优势产业带，山区以发展中药材、木本油料等产业为主的优势产业带，河谷地区以发展特色畜禽、蔬菜、葡萄等产业为主的优势产业带。高原特色农业向优势区域集中，把地理优势、资源优势转化成了农业产业发展优势，同时为做好农业科技服务提供了资源及基础。

2. 农业科技发展具有广泛的群众基础

农业科技作为农业发展的支撑条件，广泛的群众基础是农业科技发展的不竭动力。迪庆州属于典型的半农半牧区，92%的农业人口以从事农业生产劳动为生，农业与群众的生产生活息息相关。在农业科技推广工作中，通过举办科技培训、科技讲座、田间指导、"科技下乡"等科普宣传活动，农民使用良种、良法，科学种田、科学喂养、绿色防控、注重环保等意识不断增强，农业技术水平不断提高。

3. 政策优势

2012 年，在我国的农业发展历程中，中央一号文件首次以"农业科技创新"发布了《中共中央国务院关于加快推进农业科技创新持续增强农产品供给保障能力的若干意见》，突出强调部署农业科技创新，把推进农业科技创新作为"三农"工作的重点，之后相继出台了《"十三五"国家科技创新规划》和《"十三五"农业农村科技创新专项规划》，为农业农村科技创新发展提供了政策支持。

2016—2018 年，根据云南省委"云南省农业科技进藏"活动指示精神，迪庆州州委、州政府联合省科技厅、省农业农村厅、省扶贫办、云南农业大学、西南林业大学、省农科院等部门大力实施"云南省农业科技进藏三年行动计划"，强化推进迪庆科技创新，提高农业科技创新能力，为加强民族团结、社会稳定及"三江并流"区域农业发展注入了新动能。

（三）迪庆州农业科技发展存在的问题

1. 科技人员的素质与乡村振兴要求不相适应

中央农村工作会议提出，实施乡村振兴战略，要按照"产业兴旺、生态宜居、乡风文明、治理有效、生活富裕"的总要求，让农业成为有奔头的产业，让农民成为有吸引力的职业，让农村成为安居乐业的美丽家园。

乡村振兴，关键在人，造就一支高素质的农业科技队伍是实施乡村振兴战略的前提。目前，迪庆州农业科技队伍普遍存在农业农村发展知识面狭窄、专业领域单一、专业知识水平偏低、解决实际问题能力不强、推广应用新技术乏力的现象。有的科技人员具有相应文凭、职称，却不具备相应的文化知识水平；部分专业技术人员重学历、重资历，却为农业振兴献计献策不多，特别是对农业结构调整、高新农业技术应用、农业产业化建设、农村人居环境建设、农民增收途径拓展等领域欠缺相应的能力。科技人员知识老化、技术更新滞后等现象突出，表现为对农业农村发展"心有余而力不足"，难以维系农民与科技之间的桥梁纽带作用，更难以发挥乡村振兴战略实施中的领路人作用，农业农村工作中"有求无所应、有应无所求"的现象越来越突出。

2. 科技人员的积极性难以发挥

（1）职称待遇。迪庆州农业科技人员实行专业技术职称聘任制度，在取得职称后，只有获得相应职称的聘任，才能取得相应的工资待遇。目前，在乡镇一级，已放开了岗位职称数量限制，只要取得职称资格，就可以获得相应的职称待遇。但在州、县两级，职称聘任受岗位职称数量限制还十分严重，存在高职低聘的矛盾。这一现象在科技人员人数较少、科技人员队伍年龄结构集中的单位表现尤为突出。这不仅对科技人员晋升更高级职称有影响，而且也使科技人员的工作热情和积极性受到影响。

（2）在职不在岗现象。近年来，随着各项专项工作的开展，特别是机构改革后，各部门业务增加，工作任务繁重，科技人员大多被抽调或借用跨行业从事行政、扶贫等工作，普遍存在兼职、在职不在岗的现象。科技人员真正在一线从事农业科研、推广服务的很少，农技人员的缺位现象，对农业科技专业化服务水平的提升和农业科技工作的开展产生了不良影响。

（3）基层科技职能发挥不充分，乡村出现行政包揽现象。基层农业科技部门是乡村农业发展的领路人，是农业科技推广应用的最前沿，对乡村农业发展起着重要作用。但在目前的精准脱贫、乡村振兴中，很多地方项目库建设、产业项目实施大多由乡村行政包揽，业务部门参与度低，业务人员的积极性、能动性发挥不充分，导致项目库设置不合理、不科学，难以发挥产业扶贫、项目实施的效益。

3. 农业科技项目与经费不足

迪庆州在农业科技投资强度方面存在缺失，没有形成较为稳定的投资机制。根据《2018 年云南省科技统计公报》显示，2018 年迪庆州研究与开发（R&D）经费为 4987.4 万元，投入强度仅为 0.23%。相比其他州市和全省平均水平，迪庆州科研经费投入和强度都处于落后状态。农业科技是农业增产增效的保障，由于农业科技项目和经费的投入不足，严重阻碍了迪庆州农业科技发展，影响了科技人员的能动性和主动性，农业科技对实施乡村振兴战略支撑乏力。

4. 科技服务网络体系不健全

总体来看，迪庆州农业科技部门齐全，覆盖了农业生产方方面面，农业科技人员队伍庞大，有各个领域的专业技术人员，但科技服务网络体系却未真正建立。州级、县级、乡镇农业科技部门都出现各自为政、各自为营的现象。每个部门都只是站在自己的角度审视问题，为了解决问题而解决问题，没能站在迪庆州农业产业发展的高度去看待问题，无法有机统一地考虑分析问题。农业科技部门"点、线、面"的联系不足，在制约了农业科技发展的同时，对农业科技成果转化利用、农业科技综合服务水平提高等方面也会产生不利影响。

在摸清了迪庆州农业科技现状和存在问题后，云南农业大学加大对迪庆州农业科技人才的培训力度，采取了州校合作农村干部及科技人员培训、现场技术培训指导、专家服务团进藏技术指导等三种培训方式。

二、州校合作农村干部及科技人员集中培训

为深入贯彻创新型国家建设和迪庆州科教兴州战略部署，全面落实云南农业大学与迪庆州签订的州校合作协议，经双方友好协商和认真组织，2014 年和 2016 年州校合作迪庆州农村干部及科技人员培训班在云南农业大学顺利举办，共计 160 余人次参加了培训学习。云南农业大学高度重视对迪庆州的专项培训工作，校领导亲自到培训班深入调研和现场指导（图 2 - 1，图 2 - 2）。现将培训班基本做法、主要特色及收获成效等有关情况总结如下。

图2-1　迪庆州农村干部培训班在云南农业大学开班

图2-2　迪庆州农村干部培训班全体学员

1. 基本做法

（1）在培训内容上求"精"。精心设计培训方案、合理安排课程内容，是确保培训效果的根本。为此，培训内容的设计需要做到"三个结合"。一是结合迪庆州高原特色产业发展科技需求。围绕迪庆州坚持"打高原牌，走特色路"的发展思路，通过挖掘青稞、核桃、药材、葡萄、牦牛、藏香猪等特色农业资源，以全力打造高原特色农业升级版为目的，培训重点安排了《现代农业产业理论与趋势》《滇西北高山中药材种植》《滇西北高山马铃薯种植》《藏香猪养殖》《牦牛养殖》《迪庆牧草选择与种植》《高原特色农产品加工》《克隆技术在现代畜牧业中的应用》8个专题讲座，培训内容充分对接迪庆州特色产业发展。二是结合培训学员工作岗位实际需求。培训对象为迪庆州州级农林牧部门领导干部和工作人员、州级相关科研所技术人员、三县（市）（香格里拉市、维西县、德钦县）一区（开发区）农科局领导干部和工作人员、农技推广中心技术人员、各乡镇分管农业和科技工作的副乡（镇）长，全部为迪庆州农林牧系统领导骨干和技术骨干，是迪庆州农林牧技术推广和产业发展的中坚力量；培训内容充分结合了每位参训学员的岗位工作实际情况。三是结合学校专业学科优势。云南农业大学作为云南省唯一的本科农业院校，种植、养殖、农产品加工、高新农业技术等专业是学校的优势学科领域，教育培训、人才支撑、技术研发等资源富集。这些培训内容充分体现了学校专业学科优势。

（2）在培训组织上求"实"。加强组织领导、聘请优秀师资，是增强培训效果的关键。培训组织工作需重点做到"两个到位"。一是组织领导到位。云南农业大学与迪庆州充分协商，精心策划培训活动；由云南农业大学和迪庆州双方各派一名班主任，全程跟班负责日常管理；举办开班仪式，分管科技工作的副校长做动员讲话；举办结业仪式，颁发结业证书，校领导亲临结业仪式，现场观摩培训学员交流发言，并做了总结讲话。培训以学员们带着问题进课堂学习的方式进行，达到了理论与实践紧密结合的培训效果。培训使学员们学有所思、学有所获、学有所用，得到了学员们的充分肯定。校领导还对学员提了三点希望：第一，希望学员们做好学科技、用科技、宣传科技的带头人；第二，希望学员们做发展高原特色农业产业的排头兵；第三，希望学员们能站在新的高度，把迪庆放到全省乃至全国发展的大背景下，寻找迪庆州科学发展、和谐发展的新路子。二是优秀师资到位。培训班邀请到了国家马铃薯产业技术体系栽培岗位专家、云南省现代农业马铃薯产业技术体系首席科学家郭华春教授，云南省现代农业奶牛产业技术体系首席科学家毛华明教授，云南省现代农业生猪产业技术体系首席科学家鲁绍雄教授，云南省农业转基因生物安全管理专家咨询组副组长刘雅婷教授，云南省优势中药材规范化种植工程研究中心主任杨生超教授，云南省动物营养与饲料重点实验室主任魏红江教授，云南农业大学食品科技学院院长龚加顺教授以及云南农业大学动物科技学院草学专业罗富成教授亲自为学员授课。他们的深入解读和精辟分析，赢得了学员们的一致好评。

（3）在培训方法上求"新"。改进培训方法，创新培训形式，是提高培训质量的关键。改进培训方式方法，需重点做到"三个强化"。一是强化切磋分享。通过晚间班会、课间休息、自助餐等形式，使学员的培训过程不单是记笔记、听讲座过程，更是与参训的同行相互切磋、智慧分享的过程。二是强化讨论交流。在精心组织专题讲座的同时，要求学员围绕每一专题的内容，开展热烈研讨，使学员在讨论中领会知识、在交流中分享观点、在争辩中提升认识；在结业仪式上，学员代表结合自己在培训期间的所学所思所想，就迪庆州高原特色农业产业发展现状、存在问题、对策建议做了交流发言。三是强化培训成果。在培训班开班之前向全体学员征集培训需求，反馈给授课教师，使学员带着问题去学、去听、去想；培训结束后，要求学员结合学习收获撰写培训小结，进一步提升学习效果。通过"三个强化"，形成"知识—经验—思维"三位一体的能力培养体系。

2. 主要特色

（1）培训班是针对迪庆州以高原特色农业发展为主题的专题培训班。2010 年云南省委、省政府做出了加快高原特色农业发展的重大战略部署，迪庆州委、州政府出台了关于加快推进高原特色农业发展的实施意见，在迪庆州掀起了强势打造高原特色农业升级版的新高潮。在这种背景下，为进一步加强迪庆州高原特色农业发展人才队伍建设，使迪庆州农业生产一线科技人员正确分析当前迪庆州农业产业发展的形势，增强发展高原特色农业的意识，提升农业科技服务的能力和水平，云南农业大学与迪庆州委、州人民政府特别设计举办了州校合作高原特色农业发展农村干部及科技人员培训班。

（2）培训班是面向迪庆州农林牧系统基层干部和科技人员重点开办的专题培训班。参加学习培训的学员有迪庆州农牧局、林业局、科技局、畜牧水产站、农科所、林科所等部门科技人员，香格里拉市、维西县、德钦县和州开发区农科局、农技中心科技人员、各乡镇分管农业和科技的副乡（镇）长及部分乡镇农业综合服务中心科技人员，覆盖迪庆州各县（市）、开发区、乡镇。培训班采取脱产培训方式进行，学员们认真听取了专题讲座，组织开展了专题讨论，提交了培训总结报告，进行了讨论发言，是内涵丰富、注重实效的专项业务培训班。

（3）培训班是州校合作双方、学员普遍觉得满意的培训活动。培训组织方专门制作了《学员手册》，手册中培训日程安排、管理规定、考核要求、饮食安排、交通状况、通讯录等一应俱齐，大大方便了学员的学习与生活。培训班举办期间，学员们克服困难，全程参与学习，出席率达100%。为了保证培训有序开展，形成优良学风，班主任、跟班工作人员做到全程陪同、全程参与、全程服务，同时制定了严格的管理规范，规定了请假手续，建立了考勤制度。学员对培训班的内容安排、师资阵容、讲课质量、组织管理等方面给予了充分肯定和高度评价，达到了培训的预期目的。

3. 收获成效

（1）进一步强化了发展高原特色农业的责任意识和使命感。学员反映，通过培训认识到迪庆州切实转变农业发展方式，打好高原牌，走稳特色路，必将使高原特色农业大放异彩；发展高原特色农业是一项宏观系统工程，具有政治性、前瞻性和实效性。有学员认为，专家讲座有高度、有建树，放眼全局、宏观掌控，是非常好的思想动员和知识讲解。也有学员认为，他们虽然没有记住太多的数字和理论，但是却绷紧了发展迪庆高原特色农业的思想之弦，明白了科技服务产业发展工作时刻不能懈怠。

（2）进一步提升了科技服务高原特色农业的能力和水平。学员们普遍认为，培训讲座侧重实践、侧重应用，所邀请的老师都是多年从事相关研究和具体工作的专家，不仅有着非常丰富的理论功底，更有着丰富的案例和实战经验。专家们从具体工作的理论出发，联系实际操作，用大量的案例、数据和图表等形式，通过丰富的内容、切身的体会和深入浅出、细致入微、讲求实效的讲解，为学员们的实际工作提供了大量的参考素材和现成经验，使学员们增强了处理问题的信心，拓展了工作思路，提升了科技服务迪庆州高原特色农业发展的能力和水平。

（3）搭建了平台，促进了交流。培训为迪庆州农业生产一线的基层干部和科技人员搭建了相互交流的平台。集体生活和培训使大家互相认识、互相交流，增进了友谊，加深了感情。很多学员反映，通过与同仁交流心得，开阔了思路，借鉴了经验，为今后回到自身岗位更好地从事科技服务工作、发展特色农业，提供了有力的外部支撑。

三、现场培训与技术指导

根据迪庆州脱贫攻坚、产业发展的科技需求，云南农业大学分期分批组织农业科技进藏服务团，深入迪庆州3个县（市）1个区开展科学种植养殖、农产品加工、市场营销、电子商务等方面的科技培训和技术指导。累计派出教授博士65人次进入乡镇、村举办科技培训72场次，直接培训各类人员4500多人次，指导农户8200多人次，为迪庆州产业扶贫、脱贫攻坚提供了强有力的科技支撑。

2016年11月16日，迪庆州科技局邀请云南农业大学农学与生物技术学院字淑慧副教授和动物科学技术学院宋春莲博士到德钦县霞若乡各么茸村、托顶乡托顶村开展中草药种植及科学养猪技术培训（图2-3，图2-4）。

此次培训结合当地需求和老师的研究，字淑慧副教授主要讲授了黄草乌、当归、滇重楼等中药材规范化种植技术，到会80人；宋春莲博士主要从生猪科学饲养管理、常见疾病防治等方面对生猪养殖技术进行了讲授，到会115人。两位老师所讲授的内容均结合本地实际与当地政府的要求，并与种、养殖户进行沟通交流，及时解答问题。通过培训，种、养殖农户对黄草乌、当归、滇重楼的规范化种植和科学养猪有了进一步的认识，对两位老师的讲解给予了高度评价。

图2-3　团队专家讲授中药材规范化种植技术

图2-4　团队专家讲授科学养殖技术

2016 年 11 月 17 日，迪庆州科技局邀请科技进藏服务团成员字淑慧副教授和宋春莲博士到维西县塔城镇柯娜村开展中草药种植和养猪技术培训。此次培训主要讲授了附子、滇重楼等中草药规范化种植技术和生猪的科学饲养管理、常见疾病防治等养猪技术。当地群众积极参加，共到会 185 人。受培训农户根据自己的种、养殖情况，积极主动跟老师交流，两位老师针对农户在种、养殖过程中遇到的问题逐一进行了解答。通过此培训，种、养殖农民对附子、滇重楼的规范化种植和科学养猪有了进一步的认识，对培训给出了很高的评价，希望这样的培训在基层多多开展，为老百姓和当地农民打开技术之窗。

四、农业科技进藏专家服务团

为深入宣传贯彻落实党的十九大精神，全面推进农业科技进藏，2018 年 5 月 24 日，云南农业大学组织种、养殖农业科技专家服务组到迪庆州维西县保和镇参加云南省农业科技进藏"科技赶街"暨"科技下乡"专家服务团科技服务活动（图 2 - 5）。结合维西县区位特点和生产实际，专家组为迪庆百姓带去蔬菜种子 8 种共计 1800 份，兽药 800份、中药材、蔬菜等种、养殖培训书籍及资料 17 种共计 3500 册，适合迪庆种、养殖的品种宣传彩印材料 12 个品种共计 2400 份。

在维西县保和镇，专家组通过展板宣传、发放蔬菜种子和兽药，赠送相关种、养殖书籍和科普资料等为当地群众提供高原特色种、养殖现场技术咨询服务（图 2 - 6），对蔬菜栽培、中药材种植及病虫害综合防治和动物养殖及疫病防治等技术进行了详细的讲解。

图2－5　云南农业大学参加农业科技进藏"科技赶街"暨"科技下乡"
专家服务团科技服务活动

图2－6　云南农业大学专家开展农业科技技术咨询

　　活动期间，云南农业大学专家组还深入维西县保和镇拉河柱村老鸦
树组开展110人次的蔬菜种植技术集中培训。韩曙副教授结合市场的需
求，从大蒜的休眠规律、针对不同需求的种瓣选择、反季栽培的处理要

素等多方面讲解大蒜的种植技术，同时讲授了山药种茎的挑选和处理，以及种植养护中的管理及病虫害的防治，对拉河柱村老鸦树组发展蔬菜产业提出了意见和建议。培训让在座的村民和科技人员了解到新的知识，受益匪浅。现场培训结束后，专家组深入蔬菜大棚进行实地调研，现场解答农户在种植过程中出现的问题，对相关技术进行指导并提出切实可行的解决方法，同时因地制宜为百姓推荐适合当地种植的蔬菜品种并传授栽种方法。

五、教育帮扶迪庆专项招生

为帮助迪庆培养更多的高素质专业技术人才，推动迪庆可持续发展，云南农业大学在迪庆州实施专项招生计划，多次召开专题会议研究相关工作，将学校 19 个很好的专业纳入迪庆州专项招生计划；考虑到迪庆州的长远发展和人才需求，每个专业招录不超过 5 人，2016 年以来执行招生计划 200 名。云南农业大学非常关心迪庆学生的成长，注重培养他们扎实的专业思想，教育他们成才后回家乡报效地方；云南农业大学也通过热带作物学院专科招生为迪庆州高考学生提供了更多的学习机会。

附：访谈资料

大约是 2014、2015 年，我参加了云南农业大学组织的为期一周的培训，感觉收获比较大，特别是学到了很多养殖、疾病防控方面的知识。学校对讲课的老师选择很有专业水准，讲授的老师专业性很强，他们在专业方面的细节讲解很重要，直接关系农民的增收。通过学习，我自身的业务素质有所提升，回来后到下面指导工作感觉心里有干货，很踏实。

希望云南农业大学的培训对基层有更多的帮助，特别是开展一些针对州县养殖专业户或技术骨干的培训，以增加他们的专业知识。

——张艳华，迪庆州畜牧兽医科学院

我参加的是2017年、2018年云南农业大学的"三区"人才培训，收获很大，主要是在理念上、新知识的更新等方面，以及产业发展系统性方面收获较大。印象最深的是毛老师讲授的牛产业、云岭牛品牌打造及推广的那节课。我们回来后畜牧站也做了引种，引进冻精技术。到了第二代后，畜牧站牦牛品种的表现有一些改善。

希望云南农业大学开展更多的农业产业化、乡村治理等方面的培训。另外建议把培训的覆盖面扩得更大一些，更多面对基层，更接地气。科研成果不应仅仅停留在论文上，而应更多地带到基层，得到实际的运用和推广。

虽然迪庆州的三个县（市）已脱贫摘帽了，但后续的乡村振兴还要靠农业产业化的带动，希望政府、科研单位、社会各界仍然对我们进行持续的支持，以保障产业的持续性和连续性。

——王镇，迪庆州畜牧兽医科学院院长

我参加的是省委组织部组织的乡土人才培训班，在云南农业大学学习了一周。当时我正遇到养殖藏香猪的一个大难题：出生的仔猪拉稀，易死。我正不知怎么办的时候，州上就通知我去培训。我来到云南农业大学后发现，老师们讲了很多养殖技术，对我的帮助很大。培训后我知道预防针药很重要，一定要跟上，这解决了仔猪死亡的难题。以后我结合老师讲的知识和我们的土办法，成功地养殖了藏香猪。

　　参加培训期间班级建立的微信群我至今仍保留着，它对我养殖藏香猪的帮助很大。我们在实际养殖过程中出现什么技术问题在群里一问，都有老师给予及时的解答。我们同行之间也经常通过这个群交流经验、心得，非常好。

　　　　　　——罗秋玲，香格里拉市磨房沟养殖农业专业合作社负责人

第三章

高原特色农业产业编制规划

2015 年 1 月至 2016 年 12 月，在云南农业大学与云南省迪庆州签订州校合作的基础上，受学校安排，以云南农业大学经济管理学院专家为主，为迪庆州编制了《迪庆藏族自治州高原特色农业发展"十三五"规划（2016—2020）》和十四个专项规划，并为香格里拉市小中甸镇和三个村编制《"脱贫、摘帽、奔小康"行动计划（2016 年 1 月—2020 年 12 月）》（见第 48—49 页图 3 - 1，图 3 - 2），这些规划和计划为指引迪庆藏族自治州高原特色农业的长久发展，为各主导和特色产业补齐短板，明确发展方向，以及为小中甸镇的脱贫攻坚工作提供了有力的支持。

为完成这项工作，云南农业大学成立了以校长、省高原特色农业产业研究院院长盛军教授为首席专家的规划工作团队。在省高原特色农业产业研究院张郭宏副院长、李国春副院长、学校科技处、农学院和动科院的大力支持下，云南农业大学经济管理学院院长赵鸭桥教授、李业荣教授、陈蕊副教授、李学坤副教授、周铝副教授、龙蔚副教授、马蓉老师等专家多次深入迪庆，进行实地调研，为完成此项工作做出了巨大的努力。

一、研究高原特色农业产业发展思路和布局

1. 提出迪庆州高原特色农业产业发展思路

《迪庆藏族自治州高原特色农业发展"十三五"规划（2016—2020)》以中国特色社会主义理论体系为指导，以科学发展为要求，提出了以全社会对生态特色农产品的追求为机遇，以生态和民族文化旅游为载体，以种养特色化为基础，以加工深度化为重点，以市场品牌化为抓手，以科技现代化为保障，努力使迪庆州的高原特色农业发展成为基地优、企业强、产品精、品牌响、市场稳、农民富的现代化农业产业。具体的发展思路是围绕一个中心：建设迪庆州各族人民的美丽家园；强化两大品牌：香格里拉和三江并流；彰显三个特色：高原、生态和民族文化；坚持四个原则：市场导向、农民主体、企业载体、产品特色；打造五个中心：青稞种植加工、玛咖种植加工、葡萄种植加工、中药材种植加工以及牦牛、藏香猪、鸡养殖加工；优化六个系列产品：青稞系列产品、玛咖系列深加工产品、葡萄酒系列产品、中药材系列产品、高原迪庆系列畜产品、休闲农业系列庄园产品。

2. 设定迪庆州高原特色农业发展目标

规划提出，做特做优迪庆州高原特色农业产业，提高农业产业化发展水平，增强特色农产品竞争力，提升农业综合效益，到 2020 年，迪庆州农林牧副渔的生产总值达到 30 亿元，同比增长 6% 以上，迪庆州农村常住居民人均可支配收入突破万元，同比增长 9% 以上。迪庆州累计巩固和新建优质农产品基地预计 51 万余亩（不含林业），其中中药材基地 14 万亩、青稞基地 8.03 万亩、马铃薯基地 8.17 万亩、豆类基地 7.14 万亩、油菜基地 3.34 万亩、优质米基地 3.5 万亩、蔬菜基地

3.13 万亩、葡萄基地 2.09 万亩、烟叶基地 1.02 万亩、蚕桑基地预计达 1 万亩。积极发展牦牛、藏猪、尼西鸡等特色畜禽规模养殖，建成特色畜禽规模养殖场 152 个，养殖规模不断发展壮大，畜禽养殖结构不断优化，各种牲畜出栏率、商品率明显提高。实现省级龙头企业 17 个，州级龙头企业 40 个，农民专业合作社 2207 个，社员总数达 6 万人以上。

3. 提出迪庆州高原特色农业产业布局

一是高原坝区、高山区，即以春青稞、马铃薯、春油菜、玛咖、反季蔬菜种植和牦牛、藏猪、尼西鸡养殖等为主的优势产业区。二是半山区，即以核桃、药材、干果、豆类种植和肉牛养殖等为主的优势产业区。三是干热河谷地区，即以葡萄、冬青稞、烟叶、蚕桑、核桃种植和生猪、肉牛养殖为主的优势产业区。

二、找准迪庆州高原特色农业主导产业

1. 创新强化的传统产业

（1）青稞产业。2014 年末，迪庆州累计建成青稞基地 8.63 万亩，产量达到 1.69 万吨。冬青稞种植面积 5.27 万亩，产量 1.03 万吨。春青稞种植面积 3.36 万亩，产量 0.67 万吨。通过尽早出台种植计划，加强高产优质品种选育与生产，构建龙头企业与农户有效连接机制，发展精深加工，打造特色品牌，强化招商引资，建成高原坝区和山区以春青稞为主的优势产业带，河谷地区以冬青稞为主的优势产业带。2020 年迪庆州青稞生产实现布局区域化、生产标准化、经营规模化、运作市场化、管理企业化的现代农业产业化经营体系，把迪庆建成迪庆青稞产业化经营的示范和典型。迪庆州建成 20 万亩优质青稞生产基地，青稞单产达到 243 千克，总产达到 48600 吨，迪庆州青稞生产种植产值达到

22644 万元。

（2）葡萄产业。到 2014 年，迪庆州葡萄种植面积达 17898 亩，葡萄产量 8000 多吨，实现农业产值 1400 多万元，引进梅里酒业有限公司、香格里拉（德钦）葡萄酒有限公司、酩悦轩尼诗香格里拉（德钦）酒业有限公司，加工葡萄酒 2500 多吨，实现加工产值 1.2 亿元。目前在德钦已形成酿酒葡萄主产区，维西县和香格里拉市初步形成鲜食葡萄产区。通过加快基础设施建设，优化种植区域，构建龙头企业与农户有效连接机制，建立健全质量保障体系，创新销售模式，打造名优品牌。最终形成干热河谷酿酒葡萄种植区、酿酒葡萄设施避雨种植区、鲜食葡萄设施避雨种植区、葡萄种苗区、冰酒加工区、干红和干白葡萄酒加工区、鲜食葡萄收储区、梅里雪山酒庄文化旅游带、三江并流核心区葡萄生态和民族、宗教文化旅游带。到 2020 年葡萄园面积达 5 万亩，其中酿酒葡萄 4 万亩（冰酒原料基地 1 万亩，干葡萄酒原料基地 3 万亩），鲜食葡萄 1 万亩。龙头企业实力明显增强，实现引进 30 家高端葡萄酒庄和葡萄酒加工企业，综合产值达到 10 亿元以上。年产优质酿酒葡萄 24000 吨，鲜食葡萄 15000 吨，实现产值 5.16 亿元；生产高端冰葡萄酒 1000 千升，高端干红、干白葡萄酒 13000 千升，实现产值 13.76 亿元。葡萄产业实现总产值 18.92 亿元。

（3）核桃产业。迪庆州核桃保存面积达到 80 万亩。以集体林权制度改革为契机，迪庆州对"两江"流域峡谷地区传统核桃主产区进行重点发展，对次产区和一般产区进行统筹兼顾和逐步发展。稳步扩大种植面积，依靠科技提质增效，实行规范化种植管理，扶持培育龙头企业，发展农民专业合作组织，健全核桃市场体系。核桃产业主要布局在香格里拉市的东旺、格咱、尼西、五境、上江、金江、虎跳峡、三坝、洛吉乡镇，德钦县的燕门、云岭、霞若、奔子兰、拖顶、羊拉、佛山、升平乡镇，维西县的永春、白济讯、康普、叶枝、巴迪、中路、维登、攀天阁、塔城、保和乡镇。规划期内新发展核桃种植面积 20 万亩，2020 年迪庆州核桃种植总面积突破 100 万亩，农业人口人均拥有核桃达到 2.5 亩以上，将维西建成为 30 万—50 万亩省级核桃基地县，争取列为"全国核桃之乡"；德钦和香格里拉市也建成 10 万—30 万亩基地县（市）。到 2020 年，核桃产量达到 71505.985 万吨，产值达到 158630.2525 万元。

（4）中药材产业。维西县攻破野生秦艽种子育苗难题和商品化生产难题；香格里拉市五境乡生态种养殖业经济合作协会熟练开展重楼种植和育种，在冬虫夏草人工培育方面也取得历史性突破。迪庆州中药材种植历史悠久，但发展速度缓慢，种植水平与种植规模在云南省属于中等水平。迪庆州中药材资源丰富，有中药材 2000 多种，品种主要有冬虫夏草、麝香、熊胆、贝母、重楼、金铁锁（独定子）等。其中迪庆的当归、木香、秦艽、白术、重楼、草乌、金铁锁、附子等特色品种种植面积不断扩大，支撑品种发展的龙头企业逐步形成。通过实施重点品种选育及种植基地建设、种苗基地建设，迪庆州积极培育壮大龙头企业，大力打造迪庆生物医药品牌，积极引导产业的组织化发展，培育以生物资源和龙头企业为基础的保健产业。目前已经形成以两江流域中山区、亚高山区及高山区为布局重点的药材产业 5 区 6 园 2 带：干旱河谷甘草—麻黄—赤丹皮—柴胡种植区、半湿润及湿润河谷白术—桔梗种植区、中山重楼—金铁锁—当归—木香—秦艽种植区、亚高山玛咖—波棱瓜—香格里拉大黄—桃儿七种植区、高山胡黄连—贝母—冬虫夏草种植区，藏药加工园、中药材加工园（药材加工园）、维西托枝生物园、德钦高寒药材品种园、香格里拉稀缺藏药园、香雪药园，香格里拉藏药文化旅游带、澜沧江民族医药文化旅游带。2020 年中药材种植面积达 20 万亩以上，其中规范化种植面积 5 万—10 万亩；农业产值 4.8 亿元；通过中药材生产质量管理规范（GAP）认证的中药材产业化种植基地超过 5 个。到 2020 年，"十二五"迪庆州生物医药产业实现"5252"的发展目标：重点培育 5 户龙头企业、20 个大品种、5 个大品牌、20 亿元的经济总量。取得"香格里拉天然药物"原产地标记认证，培育"香格里拉藏药""香格里拉大黄""宜康宝"冬虫夏草及系列藏药种苗、"香雪"玛咖及系列药材、"卡瓦格博"系列藏药等为代表的、在省内或国内有较强影响力的品牌。

（5）蚕桑产业。迪庆州大力发展蚕桑产业，产业基础设施得到有效改善，加工企业逐步壮大，产业规模逐步形成。引进 13 个优良桑品种进行试验示范，建立起含 11 个新品种的桑品种园和分布于金江镇 5 个村的优质桑树品种采摘基地。通过加强基础设施建设，实施品种选育工程，改良蚕桑品种；建设优质蚕桑示范园及基地建设，扩大蚕桑种养殖规模；培养壮大蚕桑龙头企业及规模种养殖户，通过实验、示范、培训等方式提供种养殖技术。形成以香格里拉市金江镇、上江乡、三坝乡为主的金沙江河谷区为主的产业区。到 2020 年，建成优质蚕桑基地 10 万亩，蚕桑种植面积达 4 万亩。

（6）烟叶产业。迪庆州烟草生产成规模主要从 2011 年开始，经过 4 年的发展，烟草生产逐步形成规模。截至 2014 年，迪庆州烟叶种植涵盖 5 个乡镇 19 个村，累计落实烟叶面积 51022 亩，签订合同 5384 份，收购烟叶 13.73 万担。组织烟农培训 13725 人次，发放相关资料 4865 份。通过技术培训，使广大烟农初步掌握了烟叶生产的有关技术，为烟叶生产取得良好效益创造了条件。通过建设基本烟田，夯实烟叶生产基础设施，健全烟叶生产技术服务，实施专业化服务体系建设，打造重点烟叶产区。形成以香格里拉市的虎跳峡镇、金江镇、上江乡、五镜乡、开发区、三坝乡，维西县的塔城镇、叶枝、康普、白济讯，德钦县的霞若乡和拖顶乡为主的主产区。通过烤烟产业的发展和壮大，促进地方财政增长、烟农增收，带动其他相关产业发展，改善烟叶产区农民生产生活条件。

2. 培育提升的新兴产业

（1）生态休闲旅游产业。迪庆州立足良好的旅游资源优势，通过实施"党委领导、政府推动、部门参与、企业运作"的政府主导型旅游发展模式，发展生态休闲旅游业。通过依托丰富的农业资源，大力开发生态旅游休闲农业，建设生态旅游村、农民家访点等民俗特色旅游项目；加强旅游从业人员的素质培养，提高生态休闲旅游服务质量；加强生态农庄建设，发展庄园经济。在普达措公园里的霞给村、虎跳峡镇常胜村等布局生态旅游村；在牦牛等特色畜禽养殖基地附近布局生态畜禽旅游农庄；在经济开发区布局高原特色农产品加工展示农庄。2020年，生态旅游产业稳步发展，呈现"以旅促农、以旅兴农"的喜人景象。

（2）牦牛产业。2014年年底，迪庆州牦牛存栏为79894头，其中能繁母牛34152头，当年出栏8795头。迪庆州有80.8%的面积属于高原和半山区，拥有1438万亩天然草地，其中，可利用草场1238万亩。目前迪庆州已成功应用人工冻精改良100余头牛犊，对所有改良牛犊进行了生物学特性登记、建立个体档案，初步筛选出20头性状稳定、长势良好的牦牛品种。迪庆州有牦牛畜产品加工厂企业6家，主要生产牛肉系列产品、冷却肉、精制牦牛肉干、牛干巴、血液制品以及牦牛骨制品，牦牛头角工艺品、酱卤副产品等。通过大力发展牦牛专业合作社，促进牦牛产业发展方式转型；加快优质饲草料基地建设，实施青储饲料加工项目；发展精深加工，特别是速溶酥油茶和酥油能量酵素的研发，拓展牦牛产品市场。在香格里拉市尼汝村建设中甸牦牛选育核心场，在格咱乡、洛吉乡、建塘镇、小中甸镇、羊拉乡，维西县的永春、巴迪、摩天阁等建立12个扩繁群。在三县（市）高寒地区建立牦牛推广利用区，在三县（市）高寒半山区建立犏牛生产区。在三县（市）海拔3000米以上的地区建设高山牧场，临近牦牛养殖乡镇的河谷地区建立饲料加工厂，主要布局在迪庆州香格里拉市建塘镇、小中甸乡、洛吉乡、尼汝乡、格咱乡、东旺乡、尼西乡、五境乡，德钦县霞若乡、燕门乡、云岭乡、佛山乡、奔子栏，维西县巴迪乡14个乡镇。实现到2020年牦牛存栏9.4万头，出栏率达到30%，牦牛产值0.89亿元；牦牛产业生产支撑保护体系较为完善；牦牛产业的整体科技水平和从业人员素质进一步提高；牦牛产品生产能力明显增强；人工草地和改良草地生产力提高，草畜矛盾得到缓解。

（3）藏猪产业。2014年，迪庆州共有农民养猪专业合作社、协会30个，规模化生猪养殖大户126户，生猪存栏49.9万头（藏猪存栏4.3万头），其中能繁母猪9.77万头（藏猪0.38万头），生猪出栏33.76万头；猪肉产量2.2万吨，占迪庆州肉类总产量的70.8%。通过探索生态、高效养殖模式，保障市场供给；提高组织化程度，推进产业化经营；实施藏猪扩繁体系建设，改善种源质量；逐步培育加工龙头企业，推进品牌建设；拓展饲料工程，迎合产业建设；实施招商引资，弥补资金不足。迪庆州藏猪产业以香格里拉市建塘镇、小中甸镇、格咱乡作为中心区域和藏猪养殖及保种基地、保种场和迪庆藏猪选育核心区；

迪庆州高寒和二半山区作为藏猪扩繁区；三县二半山区和河谷地区作为藏猪养殖加工生产区，主要布局在迪庆州所辖建塘镇、小中甸镇、洛吉乡、三坝乡、格咱乡、东旺乡、尼西乡、五境乡、虎跳峡镇、升平镇、奔子栏镇、羊拉乡、佛山乡、云岭乡、燕门乡、拖顶乡、霞俄乡、白济讯乡、康普乡、叶枝镇、巴迪乡、中路乡、维登乡、攀天阁乡、塔城镇共 25 个乡镇。实现商品猪生产数量和品质得到提高，生猪产业持续发展增收，生猪产业生产支撑保护体系较为完善；生猪产业的整体科技水平和从业人员素质进一步提高；生猪产品生产能力明显增强。到 2020 年藏猪存栏 19.2 万头，其中能繁母藏猪 1.2 万头，出栏率达到 75%，实现产值 1.56 亿元。

（4）玛咖产业。玛咖 2003 年进入迪庆，从 2009 年开始，不断有科研机构和玛咖生产商（企业）在迪庆州高寒地区小面积零星试点种植，取得成功。玛咖产业逐步发展，到 2014 年迪庆州玛咖种植面积达到 2.1 万亩，总产量 3990—4200 吨，玛咖种植生产实现产值 9975 万—10500 万元。目前入驻迪庆州的玛咖种植和加工企业已经有 20 家，其中，天丽斯加工企业规模较大。通过统一种植技术规范，严格玛咖种子监管；组建玛咖协会，申请地理性标示；加强相关证照管理，提高市场进入门槛；培育龙头企业，推进精深加工；建立产品质量追溯体系管理，建立迪庆玛咖销售专卖制；建立高标准行业规范，推行质量标准化建设。根据玛咖产业发展的原则，玛咖产业发展以海拔在 2800 米以上的高寒冷凉地区为中心，种植主要布局在香格里拉市建塘镇、小中甸镇、虎跳峡镇、格咱乡、尼西乡的海拔 2800 米以上地区，维西县的永春乡及德钦县的升平镇、霞若乡、拖顶乡等适宜区；玛咖加工可根据玛咖种植布局和原料生产规模，布局于迪庆香格里拉经济开发区绿色产业园区、香格里拉绿色食品箐口产业园区，推进玛咖加工基地建设。

（5）渔业产业。随着淡水渔业被云南省委省政府列为高原特色农业之一，迪庆州加快渔业产业发展，渔业养殖初具规模。迪庆州以农业生态观光园为示范，抓好水产健康养殖示范场建设，加速迪庆州品质渔业基地建设；以市场需求为导向，调优渔业结构；以水产品加工业和信息服务为突破口，延伸水产业链条，增加水产品附加值，扩大市场占有率；以合作社协会为载体，大力推广标准化养殖技术，实行健康养殖。在香格里拉市、维西县、德钦县城镇周围的池塘水库建立品质渔业示范区（农业生态观光园、渔业基地），在金沙江、澜沧江、怒江沿线的电站水库建立土著鱼保护区，在水质条件好的腊普河等河流及水库、湖泊建立有机水产品生产区。到 2020 年实现渔业面积 10 万亩，其中水产养殖面积 5 万亩，水产品产量 2 万吨。迪庆州池塘养殖形成区域化养殖，"三类基地"（无公害产地、标准化养殖基地、健康养殖示范区）建设初具规模，形成了休闲观赏等优质渔业高效经济带，鲤鱼、草鱼、鲢鱼、三文鱼、江鱼驯化等优质传统渔业高产经济带，稻田养鱼等生态渔业带，重大养殖病害得到有效预防和控制，形成纵横交织的板块渔业产业格局。

三、提出高原特色农业发展任务和行动方案

（1）强化以基本农田改造为核心的农业基础设施建设。主要包括强化道路水利工程建设，实施中低产田改造，加强农业环境整治，推进农机补贴，提高标准化水平和加强信息网络基础建设。

（2）建设以优势特色农业产业为主的原料基地。主要包括稳定粮食作物种植，全力推进高效林业基地，大力发展山地烤烟，积极促进生

物产业基地发展，强化迪庆牧业基地建设。

（3）培育新型经营主体。主要包括培植壮大重点龙头企业，规范提升农民专业合作社和大户，打造迪庆特色庄园。

（4）丰富"香格里拉"和"三江并流"特色农产品品牌内容。主要包括打造迪庆地理标识产品，彰显两大品牌特色。

（5）强化迪庆高原特色农业科技支撑。主要包括加强新型农业社会化服务体系建设，加大新型职业农民培训力度，提高农业从业者素质。

（6）推动以电子商务为主的现代市场体系建设。主要包括加快农村市场物流体系建设，增强农产品市场开拓能力。

在为迪庆高原特色农业谋划"十三五"的同时，规划编制团队还为香格里拉市小中甸镇的脱贫攻坚进行了深入的谋划。

规划团队为小中甸镇提出了总体脱贫思路，即围绕"精准扶贫"的总方针，全力做到"四个精准"（对象精准、措施精准、项目精准、责任精准），"五个一批"（扶持生产发展一批、素质提升就业一批、移民搬迁安置一批、低保政策兜低一批、医疗救助扶持一批）和"六个到户"（产业扶持到村到户、安居建设到村到户、基础设施到村到户、基本公共服务保障到村到户、能力素质提升到村到户、金融资源到村到户），坚持稳中求进的总基调，进一步抢抓机遇，抓住"经济发展"这个牛鼻子，依托沪滇帮扶、丽香高速、丽香铁路等重点项目建设，加快全镇扶贫基础设施建设；按照产业发展"1234"的总目标（一是产业发展实现1个认识，即打造生态品牌；二是养殖业实现2个突破，即在市场开拓上实现突破，在饲养方式上实现突破；三是种植业实现3个转变，即传统种植业在提质增效上实现转变，健康产业在有序发展上实现转变，中药材种植产业在精耕细作上实现转变；四是旅游产业实现 4 个提升，即服务能力上的提升、服务功能上的提升、品牌意识上的提升、优势资源认识上的提升），促进主导产业的建设力度。依托生态、高原和区位优势，以"区域开发、整村推进"为扶贫工作重点，具体实施"1234"扶贫开发思路（围绕扶贫攻坚这一主题，做好"以资源换产业、以空间换时间"两篇文章，突出"争取更高层面的政策支持、争取更宽领域的资本投入、争创更为灵活的体制机制"三个重点，实施"交通带动、产业驱动、城镇拉动、扶贫推动"四项战略）。加快进度，整合资源、合力攻坚，实现小中甸镇"十三五"扶贫开发目标。

为小中甸镇和平村与联合村提出了总体脱贫思路，即围绕"精准扶贫"的总方针，全力做到"四个精准""五个一批"和"六个到户"，通过持续发展仓储商贸物流产业、青稞产业、马铃薯产业、中药材产业、健康产业、牦牛产业、藏香猪产业以及休闲观光旅游产业，打造小中甸镇的仓储物流基地、迪庆州藏香猪集中屠宰中心、种植养殖基地和藏文化休闲体验观光基地。加快进度，整合资源、合力攻坚，巩固和稳定扶贫攻坚成果，实现和平村与联合村"十三五"扶贫开发的目标。

为小中甸镇团结村提出了总体脱贫思路，即紧紧围绕"精准扶贫"的总方针，按照"四个精准""五个一批"和"六个到户"的总体要求，通过发展青稞、马铃薯、中药材、健康产业、蔓菁、牦牛、藏香猪产业以及乡村旅游产业，打造小中甸镇的特色种植养殖基地和高原风光、藏文化体验基地。加快进度，整合资源、合力攻坚，巩固和稳定扶贫攻坚成果，实现团结村"十三五"扶贫开发的目标。

多年的高原特色农业产业规划工作，积累了丰富的经验。一是学校大力支持。学校为规划团队的工作开展提供了必要的支持，特别是在调研经费保障、与迪庆州政府协调、出差请假便利等方面给予了巨大的支持。二是规划团队得力。规划团队分工紧密，不求回报，多次出差，特别是在2015年春节刚过即赴迪庆，克服长途出差的巨大困难，顺利完成各项调研任务。三是地方配合有序。迪庆州各级职能部门、农牧局领导、办公室工作人员、各业务科室积极配合，调度有方，一起陪同规划团队实地调研、讨论思路和修改文本，为规划形成最终成果提供了合作的典范。

迪庆藏族自治州高原特色农业发展
"十三五"规划

（2016—2020）

迪庆藏族自治州人民政府

云南农业大学

二0一五年三月

图 3-1　为迪庆州政府编制的规划

香格里拉市小中甸镇
"脱贫、摘帽、奔小康"行动计划
（2016年1月—2020年12月）

香格里拉市小中甸镇人民政府

云南农业大学经济管理学院

二〇一五年十二月

图3-2 为小中甸镇人民政府编制的行动计划

第二部分

02

|专题篇|

第四章

中药材种植及加工

云南农业大学农业科技进藏服务团在迪庆州大力推广中药材精细技术，强化中药材产业发展科技支撑，不断推进中药材科技成果转化；加快药材良种选育、繁育，种子种苗生产，提高药材良种供种能力，做到良种生产与推广面积协调发展；实施中央财政支持的"迪庆州中药材生产示范基地建设"项目，不断提高中药材品质和产量，使中药材种植逐步向GMP（中药材生产质量管理）栽培模式发展，打造中药材示范园、中药材生产基地。

一、迪庆中药材产业的优势和问题

（一）中药材资源优势[①]

迪庆州野生中药材资源丰富，经调查，野生中药用植物1500余种，藏药用植物900余种。除了热带气候，迪庆州境内具有北半球上从亚热带、暖温带、温带、寒温带到寒带的各种气候带。地球上适宜不同气候类型的农经作物都可以在迪庆州立体的地形和气候环境中找到适合的生

---

① 此星卓玛，闵康. 迪庆州中药材产业现状及发展思路［J］. 云南农业科技，2019（1）：63 – 64.

长地点。因此，国内外具有产业优势的药材品种，如玛咖、西洋参、人参、藏红花等都可以引入种植。同时，迪庆州家种（栽培）药材历史悠久，农户具有种植药材的丰富经验，有当归、秦艽、木香、白术、川芎等大宗传统家种药材近 20 种，其中当归、秦艽、木香等药材已初步形成规模化种植。这些丰富的资源优势，是迪庆州特色产业发展、藏医药发展、精准扶贫的物质基础，给迪庆州重振"药材之乡"创造了良好的条件。

（二）中药材种植及驯化栽培情况

2019 年，迪庆州中药材种植面积达 13 万亩，其中：香格里拉市中药材种植面积 4 万亩，主要分布在上江乡、虎跳峡镇、五境乡、建塘镇、小中甸镇、洛吉乡、三坝乡等，主要中药材品种有玛咖、桔梗、白术、木香、当归、重楼等；德钦县中药材种植面积 2 万亩，主要分布在拖顶乡、霞若乡、燕门乡等，主要中药材品种有秦艽、桔梗、木香、当归、重楼、金铁锁等；维西县中药材种植面积 7 万亩，主要分布在永春乡、白济讯乡、康普乡、中路乡、塔城镇等，主要中药材品种有秦艽、桔梗、木香、当归、附子、重楼等。

迪庆州中药材种植户经过多年实践攻破野生秦艽种子育苗难题和商品化生产难题，云南省内秦艽首先在迪庆州得以产业化生产；迪庆州 10 多家中药材种植专业合作社已经熟练开展重楼种植和育种，并成功引种金铁锁；农业科技人员在长期开展冬虫夏草研究的基础上，查明蝙蝠蛾幼虫感染虫草菌机理，使冬虫夏草人工培育取得历史性突破。

（三）中药材产业发展存在的问题

1. 野生药材资源开发过度

迪庆州珍稀野生药材资源主要分布在高海拔地区，生态脆弱，一旦破坏很难恢复；目前无专门机构负责管理，难以实施有效保护，乱挖乱采现象导致很多野生药材如冬虫夏草、雪莲花、肉苁蓉、麻黄草、茱萸等资源濒临枯竭，市场供求矛盾加剧。

2. 标准化生产规模小

中药材生产规模小、品种搭配不合理、质量难以保证。迪庆州中药材生产基地还没有一个通过国家中药材规范化生产认证（GAP 生产基地认证），影响了本地区药材的声誉、形象、市场竞争力和生产发展等。

3. 产业化程度低

目前，迪庆州从事中、藏医药生产加工的企业主要有 9 家；民间也有少量个体作坊，生产加工民间自用藏药和跌打扭伤、烫伤类敷药。其他中药材饮片厂、附片加工厂等中小企业正在建设中。但是现有企业对本地中药材的需求量、消耗量都不大，中药材生产产业链短且不紧密，生产附加值低，产业带动力不强。目前，本地区生产的中药材仍以出售初级产品为主，外包装仍然比较粗糙。

4. 资金投入不足，科技服务能力低

近几年，国家先后制定了《中医药创新发展规划纲要（2006—2020）》《中药现代化科技产业基地发展规划（2010—2020 年）》，加大了对中药材生产及加工的投入，但迪庆州专门从事药材基础研究和技术推广的技术人员少，缺乏专门研究中药材的科学研究机构。

5. 市场基础薄弱，信息物流效率低

迪庆州中药材生产基础建设投入不足，没有综合集配中心、冷藏储运信息化等流通基础设施建设。市场基础薄弱，信息物流效率低，严重影响中药材产业的发展；而且由于信息、设施和条件的限制，难以吸引中药材商户和大型制药企业入驻迪庆州共同开发中药材产业。

（四）迪庆州促进中药材产业发展

近年来，国家大力扶持中医药产业的发展，制定了一系列措施，促进中医国际化、产业化。云南省也把发展以天然药物为主的中医药产业作为建设"绿色经济强省"的十大支柱产业之一，促进了中药材产业的快速发展。中药材产业作为迪庆州的一大特色优势产业，是迪庆州农村经济和农民经济收入的重要组成部分。

1. 出台相关政策和规划，把中药材产业的发展提升到新的高度

迪庆州相继出台《中共迪庆州委　迪庆州人民政府关于加快药材产业发展的意见》《迪庆州人民政府关于加快生物产业发展的意见》《中共迪庆州委　迪庆州人民政府关于加快推进高原特色农业发展的实施意见》，提出了中药材产业发展的指导思想、基本原则、战略目标、保障措施和重点任务，为中药材产业的发展提供了政策保证。

2. 投入持续增加，扶持产业发展重点环节

从 2012 年起，迪庆州每年安排专项资金 200 万元，用于向中药材产业基础设施建设、药材种子种苗生产、技术研究与推广、龙头企业和农民专业合作社等提供必要的资金支持。同时，通过乡镇企业和农业产业化项目积极引导和吸引金融资本、民间资本、外资参与药材产业开发建设，加大对药材加工企业的扶持，确使国家、省级安排的农业产业化项目资金向药材加工重点龙头企业倾斜。

3. 强化科技支撑，不断推进中药材科技成果转化

强化科技计划项目实施，积极创建和实践"政产学研用模式"。针对中药材产业发展中的突出问题，迪庆州积极与高等院校和科研院所联系，实施科技项目，强化科技成果转化，推进产学研联合，推动特色产

业快速发展。迪庆州先后与云南农业大学、云南中医药大学、云南省中医药研究院建立了科技合作关系，在校地合作中逐步建立了"政产学研用"的"迪庆模式"。组织和开展校地合作项目共30余项，联合申报省、市级以上课题30余项，立项近20项，立项资金达1500余万元。强化引进和推广优质良种。积极开展品种提纯复壮、更新换代工作，提升迪庆州的中药材品质质量，同时与云南农业大学合作建立了中药材规范化种植生产示范园，积极探索和制定中药材标准化、规范化生产操作技术规程。强化中药材专家大院建设，扎实开展科技服务。以高等院校为依托，强化农村科技服务体系建设。先后与云南农业大学、云南中医药大学、云南省中医药研究院等签订校地合作协议，先后建立了迪庆中药材专家大院和迪庆农村产业技术服务中心，有力推动了农村科技服务向公益化、创业社会化、科技服务多元化发展。强化中药材种植与脱贫攻坚有机结合，强力推进中药材种植业的发展。以迪庆州道地中药材当归、秦艽、木香、白术、川芎基地建设为主线，推行迪庆州道地中药材生产关键技术研究和标准化生产示范，推动迪庆州中药材产业提档升级。

4. 加强人才队伍建设，提高中药材产业发展服务能力

充分发挥本地专家能人的作用，选拔一批懂科技、会管理的科技人才，以科技特派员、产业顾问等形式充实到龙头企业、生产基地工作，提供科技服务。充分利用新型农民科技培训项目、基层农技推广示范县补助项目等有计划地开展中药种植和加工技术的培训工作（图4-1），为农村培育中药材专业实用技术人才，成立中药材生产技术团队。

5. 加快专业合作经济组织建设，提高中药材生产组织化程度

迪庆州积极引导和发展包括涉及中药材产销各环节的种植协会、农

民专业合作社等各种中介服务组织，组织农户、加工户、运销户结成利益共享、风险共担的合作团队、建立合作发展机制，进行订单化种植、规范化生产、规模化加工、集约化经营，健全、壮大中药材产业链，提高中药材产业开发的水平和效益。

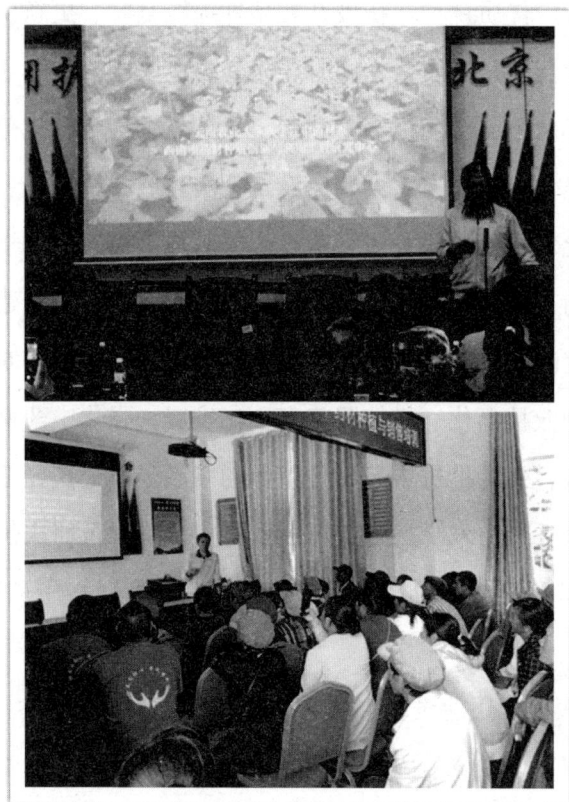

图4-1 中药种植和加工技术培训

6. 扶持龙头企业，促进中药制药企业快速发展

迪庆州坚持"引入、抓大、扶小"原则，全力支持中药生产企业发展。以香雪、天丽斯为代表的药材加工企业已落户迪庆，目前中药饮

片加工厂正在建设，准备启动实施藏药厂改扩建项目，进一步提升藏医药发展水平。

二、科技指导野生中药材种植

农业科技进藏服务团成员刘涛副教授是云南农业大学农学与生物技术学院教师，2007 年毕业于中国科学院昆明植物研究所，获博士学位，随后加入云南农业大学西南中药材种植创新与利用国家地方联合工程研究中心团队，研究方向为药用植物栽培，长期致力于云南省中草药栽培产业的教学、科研和技术服务工作。

2015 年 10 月，刘涛副教授响应国家科技部—云南省科技厅"三区"科技人员专项计划的号召，由云南农业大学选派，科技服务迪庆州香格里拉市忠浩野生中药材种植有限责任公司。项目实施以来，他不仅圆满完成了项目任务书的内容，且与服务企业初步形成了良好的"产、学、研"新型社会化服务关系，为香格里拉市当地中药材种植产业的发展，贡献了科技人员的一份力量。

香格里拉高寒区地处青藏高原与云贵高原交会地，海拔高、积温低，长期以来，当地主要种植春作青稞、春作马铃薯及蔓菁、荞麦等作物，农作物结构品种单一，生育期长，一年一熟，产量低，产值低。为此，迪庆州委、州人民政府近年来依托得天独厚的自然条件和丰富的中药材资源优势，大力实施中药材规范化种植、中药产品开发、新产品生产三位一体的中药产业现代化工程，大力支持中药材龙头企业和骨干企业采取"公司＋基地＋农户"方式，建立中药材原料基地；引导企业开展中药材规范化种植；采取商标注册、申报国家地理标志、评优选优等方式，提高产地名优药材的知名度和美誉度；重点抓好特色中药材基地建设，打造"一镇一品""一村一品"的特色中药材基地。中药材种植已成为迪庆州调整优化农业产业结构、带动农民持续稳定增收、推动农村经济社会跨越发展的重要途径（图4-2）。

图4-2　中药材示范种植基地

在云南省科技进藏的大背景下，刘涛副教授深入香格里拉，密切联系当地一家种植中药材的合作企业（香格里拉市忠浩野生中药材种植有限责任公司）。在当地科技政府部门的引导下，刘涛副教授与忠浩野生中药材种植有限责任公司达成合作协议，申报了"三区"科技服务人才项目，并获得云南省科技厅立项，由云南农业大学选派其服务当地中药材种植产业的发展。

作为"三区"科技服务人才，刘涛副教授在实地考察香格里拉市当地中药材发展现状的基础上，沟通政府、高校、企业的关系，重点做了两个方面的工作：一是通过引导该企业在中药材种植品种、规模的良性发展，在逐渐扩大中药材种植规模的同时，进一步规范企业的种植标准，让香格里拉市各级政府进一步重视忠浩野生中药材种植有限公司，使其逐渐成长为当地中药材产业中的龙头企业，发挥带头作用，引领百姓致富；二是以云南农业大学科研人员的身份，沟通政府、高校、企业的关系，帮助该企业获得 2016 年云南省科技厅科技惠民项目"香格里拉雪上一枝蒿种植技术集成及产业化示范"，这让当地中药材产业的工作与成绩得到了省政府相关部门的重视。

双方通过紧密合作，在高寒坝区开展了中药材的品种选育、种苗培育、种植技术集成等系列种植技术研究。刘涛副教授等从选地、选种、整地、种植、繁殖、田间管理、病虫害防治、收获、贮藏等入手，全方位对当地种植户进行种植技术现场指导和培训，将合作方员工逐渐培养为"能种中药材、会种中药材"的领头羊，既增加了合作企业的利润收入，也带动了周围种植户共同致富。

在合作之初，原有的种植都是农户自发种植，缺乏技术指导和管理，难以保证药材品质。通过科技进藏政策的支持，刘涛副教授与合作企业共同协商，在当地政府的组织协调下，通过召集农户、田间地头实际培训农户的方式，联合课题组成员对当地种植户进行了选种、栽培、管理、病虫害防治、收获等关键技术培训和田间指导，经过不断的培训和示范，农户们基本掌握了规范化种植当地主要中药材品种的技术，提高了种植的产量和质量，获得更多的经济效益。"功夫不负有心人"，在大家的共同努力下，种植户在获得较高经济收入的同时，合作企业也成为近两年重楼等中药材规范化种植的代表。由于一家一户种植模式难于形成持续的产业并抵御市场风险，刘涛副教授和课题组的同事们帮助指导合作企业筹资成立了公司，选聘致富带头人孙建中担任理事长，以期带领本村"抱团取暖、共同致富"。

2015 年，在州政府的资金支持下，合作企业开展了高寒坝区重楼、秦艽和附子的种苗繁育及种植推广项目。通过项目的执行，刘涛副教授协助该企业从这三种药材的引种、繁殖及规范化种植开始试验，并在带动"领头羊"规范化种植的同时，分别对本村种植户进行集中和现场规范化种植技术示范培训，帮助种植户掌握种植的关键技术，最终通过该项目的实施，产生了较大的经济和社会效益。200 亩示范地直接为当地农户实现产值 40 万元，比种植常规作物青稞实现增收 33.64 万元，增收 5.2 倍。项目完成推广种植面积 1000 亩，主要以种植秦艽为主，平均亩产量达 1500 千克（鲜重）以上，按每千克 5 元计算，亩产值 7500 元，年预计实现产值 750 万元；扣除投资成本每亩 2500 元，总成本 250 万元，每年可为种植农户实现利润 500 万元，比种植常规作物青稞实现增收 10 倍以上。同时，通过科技培训、科技措施推广应用，可以提高群众的科技意识和药材生产水平，培养一批中药材产业的骨干人才。

香格里拉市忠浩野生中药材种植有限责任公司主要从事高海拔、高寒地区中药材引进试种和野生药材驯化种植，经营中药材种植与加工销售。近年来，通过不断研究、种植各种适应高寒坝区不同区域、海拔、气候、地理条件的中药材品种，培育种植了滇重楼、秦艽、金铁锁、云木香等中药材品种，中药材种植销售已经成为公司的发展方向和主营业务。2018年，该公司总资产达2252万元，固定资产1356万元，各类中药材种植面积达2000余亩，涉及和辐射农户近690户，实现年销售收入2188万元，其中带动农户年新增收入达699万元，户均年增收1万元以上，从流转土地、聘用人员、技术培训到收购农家肥，公司多渠道实现产业拉动地方群众致富，有效带动了周边地区农户的增收致富，实现了企业与农户双赢的良好局面。另外，公司还积极响应上级党委、政府的号召，按照精准扶贫的政策要求，积极承担了香格里拉市小中甸镇和平村11个村民小组共30户的脱贫帮扶工作，帮扶困难党员、带动群众增收致富任务，通过有偿租地、招工，无偿供苗、提供技术服务等形式带领贫困户开展中药材种植，共计投入帮扶资金15万元。

自2015年开始，当地种植户大都能进行规范化种植。很多本地和外地政府、企业、合作社均慕名而来，云南省中药材协会组织全省近70家企业的100多位专家和企业负责人进行考察观摩，云南省科技厅等领导也多次进行考察调研，许多企业（如云南白药集团）也与合作社建立了长期的种植和收购合作关系，为本地农户种植中药材打消了后顾之忧。

三、科技助力藏医药开发保护

农业科技进藏服务团成员孟珍贵副教授是云南农业大学农学与生物技术学院教师，1996年本科毕业于云南大学生物系，2001年考入中国科学院昆明植物研究所并获得理学硕士学位，目前主要从事"药用植物学""药用植物生态学""中药资源学"的教学与研究工作。自从国家出台科技人员服务"三区"政策以来，他积极响应并参与其中。

2016 至 2018 年，孟珍贵副教授申请到比较偏远的滇西北藏族地区进行科技服务，与香格里拉一家从事藏医药开发与藏文化研究的蓝琉璃藏文化开发有限责任公司合作，进行一些重要藏药的野外调查及引种驯化栽培研究。主要进行了如下工作。

（一）实地调查，发挥优势，找准藏药种类

蓝琉璃藏文化开发有限责任公司总部设在香格里拉市，主要依托原来的迪庆州藏药厂，专门从事藏药的生产与销售，因此对不同藏药材的供需情况比较了解。该公司法人对藏医和藏药都有很深的研究。2016 年 8 月孟珍贵副教授到这家公司进行科技服务，与公司法人讨论选择哪些药材种类进行栽培。公司法人曾经提到种中药材，但孟珍贵副教授认为既然在迪庆种植药材，就应该选一些藏药品种。虽然种植藏药可能会驯化不成功，但意义重大。

与此同时，孟珍贵副教授还到香格里拉植被比较好的地点进行深入的资源调查，尽量从当地有分布的藏药材种类中进行选择。这样引种成功的概率要高很多。

经过讨论和实地调查，最终形成了一致意见，即在不同的海拔范围分别引种几种藏药中用量较大、但供应量较小的藏药材，并确定了以下方案。

（1）高海拔区（约 3600 米）：以原有的高山牧场为基础，适度耕作作为栽培基地，主要种植雪莲花、贝母、雪上一枝蒿等。

（2）中海拔区（约 3000 米）：选择香格里拉周边的缓坡地为主，要求土壤疏松、肥沃，主要种植珠子参、桃儿七、藏菖蒲、波棱瓜、乌奴龙胆（白花龙胆）、甘青青兰等。

（3）低海拔区（2200米）：以五境乡及太阳寺周边的缓坡地为主，要求土壤疏松、肥沃，主要种植波棱瓜、天仙子、矮紫堇等。

（二）克服困难，参与建设藏药种植基地

选好了要引种栽培的种类，接下来就是选种植基地。公司先在五境乡选择建设了一片种植基地，位于金沙江边的太阳寺旁边。这片地原是一片种植玉米的坡地，肥力不强，而且前两年在当地农业部门相关人员的建议下，进行"坡改梯"改造，使耕作面土壤更加贫瘠。在孟珍贵副教授的建议下，公司进行了土壤改良，从山里收集了几百吨枯枝落叶腐殖质撒到地里。但因地比较宽，这个改良并未达到理想效果。与此同时，基地的浇水工程建设也遇到这样那样的问题而一直没有完工，基本上还是靠自然降雨解决水源问题。

基地虽属于香格里拉市，但却是在香格里拉、维西与德钦三县（市）交界的金沙江边，公共交通不方便。孟珍贵副教授到基地去，首先要坐车到香格里拉或丽江，再转车到山下的其宗村，班车一天只有一班，错过了只能坐当地人开的面包车，没有车票，也没有保险，但也只能坐（车费每人60—70元，无法报销）；从其宗村到山上的基地，步行需要2小时左右，租车需要50元（也是没有车票无法报销的）。孟珍贵副教授克服了这些困难，经常到实地参与基地的建设并出谋划策。

（三）提供技术，并亲自参与藏药的种植实践

因基地海拔较低，故先试种几种适应于中低海拔的波棱瓜、鬼臼、芫荽、冬葵子等。蓝琉璃公司以开发藏药成品为主，对藏药原植物的栽培比较陌生。因此孟珍贵副教授除了提供藏药栽培技术的文字材料和现场指导之外，每次到基地，都要参与种植的生产实践活动；从种子催

芽、苗床的准备和整理、育苗，到田间的种植管理等，都一一参加（图 4 - 3）。

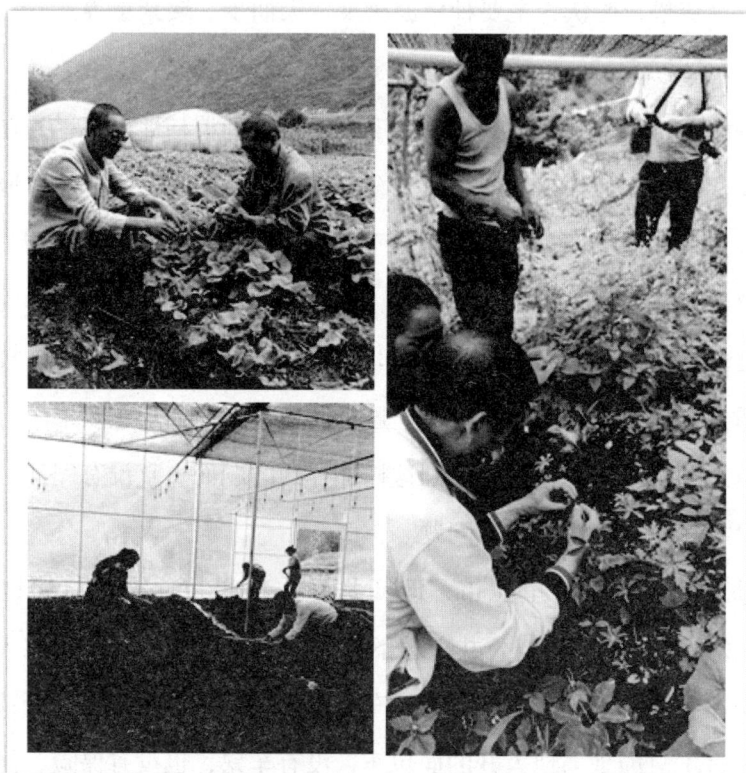

图 4 - 3　团队专家实地指导中药材种植与繁育

经过科学合理的种植管理，基地里大部分的藏药材都长得比较好，如波棱瓜、芜蒌和冬葵子。而对于首次种植的鬼臼，则几乎没有生长起来，一是因为土质不好，黏性太强；二是因为大棚的喷灌设施还没弄好，基地管理人员浇水太少；三是因为以前从未栽培过，栽培技术还需要进行研究和总结。

（四）产学研结合，开展藏药的科学研究

对于藏药原植物的栽培，只有极少数成功的先例可查，很多都是一片空白。在这种情况下，服务组需要不断进行引种栽培试验和科学研究，才能总结出一套行之有效的科学栽培方法和技术规范。

在科技服务的过程中，孟珍贵副教授会带上几个学生到栽培基地，进行一些有针对性的科学研究，解决栽培实践中出现的问题。如针对波棱瓜结实少的问题，孟珍贵副教授带学生进行了波棱瓜生长特性及传粉特性的研究，取得了一定的成果，实现了藏药引种栽培"产学研"的结合（图4-4）。

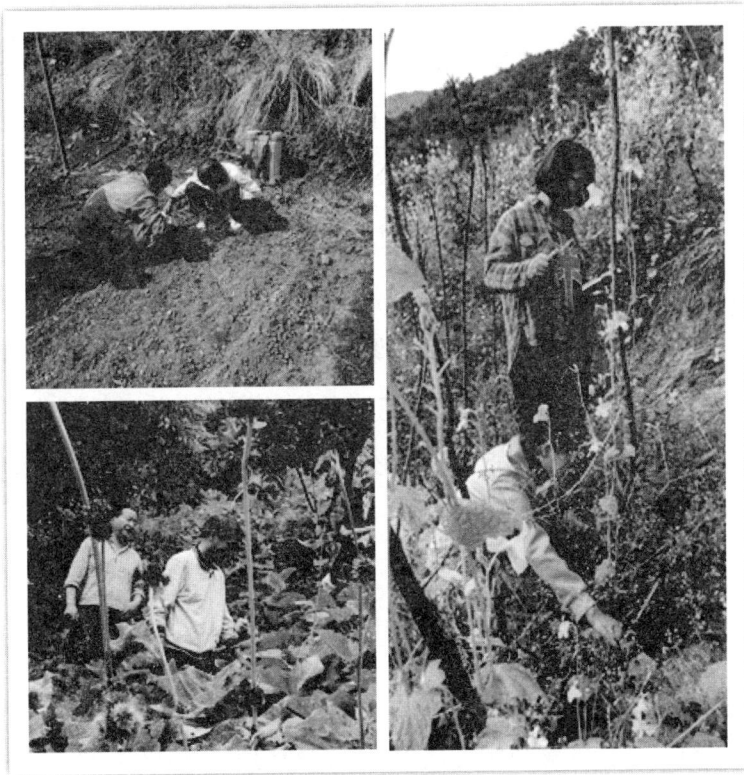

图4-4　藏药引种栽培的"产学研"结合

（五）辐射带动，推动迪庆种植藏药和科技脱贫

在香格里拉进行科技服务时，孟珍贵副教授除了与蓝琉璃藏文化公司的人员接触外，还与周边的中药材种植相关人员建立了一些联系，如德钦县拖顶乡的珠巴洛河公司、香格里拉农业局相关人员等。孟教授与他们一起探讨藏药药用植物的栽培技术，帮助他们解决生产中的难题，特别是药材种类识别和品质问题，如重楼的正品与代用品、黄精的正品和代用品等，以及在什么海拔种植什么药材等问题。

通过宣传带动，当地很多人开始意识到种植藏药的社会价值和经济价值。有不少农民也进入了药材栽培行业，并逐渐增加了收入，加入到科技脱贫的队伍中来。

通过与药材种植户的接触，不但让当地农民学到科学技术，还让他们加深了对云南农业大学的认识和了解。

（六）发挥知识优势，积极为公司起草项目申请书

为了使当地企业得到政府的项目支持，孟珍贵副教授先后为蓝琉璃藏文化公司起草了两份项目申请书，即 2015 年的云南省科技厅科技富民计划项目"迪庆藏药濒危物种的繁育与种植技术研究"，2017 年的迪庆州 2018 三年行动计划项目"藏药濒危物种的繁育与种植技术研究"。虽然现在两个项目还未立项，但孟珍贵副教授尽最大努力服务当地企业的精神尤为感人。

（七）问题和建议

（1）迪庆的生产生活非常需要现代科学技术指引，仅靠传统农业已不能跟上时代发展的步伐，因此，加强对迪庆的科技服务非常必要；特别是在迪庆进行的藏药驯化栽培，对藏药的生产和提高农民收入都具有重要意义。

（2）对迪庆除了资金扶贫、技术扶贫以外，更要重视对当地农民思想上的引导，让他们改变传统观念和对国家支持的依赖性，自食其力、自力更生、自我发展。

四、指导虫草加工小微企业

为进一步发挥科技人才支撑云南省边疆民族地区的重要作用，促进迪庆州现代农业加快发展，云南农业大学参加了2016年省科技厅牵头组建的深入迪庆州科技服务团。经济管理学院潘鹏飞老师被选为学校服务团成员，深入迪庆州香格里拉市基层一线从事科技服务活动，同时被认定为省科技特派员，且被纳入"三区"科技人员专项计划。2016年以来他一直服务于一小微企业——香格里拉市宜康宝生物科技有限公司，见证了该企业的成长和发展。

香格里拉市宜康宝生物科技有限公司始建于2010年5月，注册资金168万元，拥有自主知识产权专利9个，是云南省高新技术企业及云南省科技型中小企业。同时，该企业是一个集科研、生产、营销和服务于一体的专业化生物资源开发和高原特色产品零售企业，注册有商标"宜康宝"，有高级职称员工2名，员工20多名，每年雇用近百名附近农民为临时工人。该企业从事以迪庆特色中药材冬虫夏草为主的珍稀生物资源保护及产业化利用开发和销售，从创建初始小作坊式的经营方式，经过数十年不懈努力，成长到目前有5000多平方米办公场所，同时流转10余亩野外冬虫夏草繁育基地，公司产品年销售几百万元的小微企业。企业科技人员通过30余年的潜心研究，攻坚克难，研究开发的冬虫夏草野化培育在国内属于领先技术，是"云南省高新技术企业""云南省科技型中小企业""迪庆州中药材协会理事单位"和"云南农业大学成果转化基地"。随着区域经济的快速发展，近些年公司各方面取得的成绩已得到迪庆州及云南省各部门的肯定与支持。目前公司发展良好，在迪庆州经济发展中开始显现出独特的影响力。

（一）虫草加工科技服务历程与现状

2016年至2019年，潘鹏飞老师连续4年入选云南省"三区"科技人员专项计划，同时参加科技厅科技进藏服务团为香格里拉市宜康宝生物科技有限公司提供科技服务。按照学校参加科技厅科技进藏服务团的工作内容，以及学校的工作要求，潘鹏飞老师结合自身专业特长，依托学校学科优势，积极认真地为企业开展咨询等服务。

经过近几年的发展，香格里拉市宜康宝生物科技有限公司目前初具规模。由于区域地理环境局限，公司创立之初是"小打小闹"、没有规模，生产量小和销售产品单一，员工以当地农民为主、缺少有经验的管理人员、员工素质普遍较低，产品的销售渠道及对象以香格里拉本地人为主，没有像样的办公和生产场所。由于公司规模小，无法产生经济效益，也没有形成社会影响力。现在公司已经开始良性发展，形成一定的规模，产品也增加到10余种类；通过对外合作开发，改善办公环境和改进生产方式，培训和引进管理人员与改变营销模式，产量得到大幅提高，产品销售渠道扩展到全国范围，企业效益明显增加，员工整体素质也不断提高。

香格里拉宜康宝生物科技有限公司属小微企业，目前还处于成长期，企业产品前景虽然很好，可企业发展中仍然存在很多难点和问题，主要表现如下。

1. 缺少研发人才与团队

受援企业属科技型小微企业，其主要经营业务是：生物资源开发研究、土特产品零售。按照企业主营业务内容，科技应该是企业的第一生产力。但企业目前能从事科研的技术人员只有两名，且为兼职人员，而企业又无能力招用有生物创新科技方面的高层次人才，一些技术员工因无法长期适应迪庆高海拔地区的生活而离职，企业无法留住人才。这导致企业开发新产品的能力薄弱，科技创新无法快速跟进，进而导致企业产品更新慢，品质提升过程较长，产品精加工成本较高，企业的升级发展受到严重影响和制约。

2. 企业生产和经营的产品种类较单一，主要集中在以冬虫夏草为主导的系列产品

企业最早只生产用作中药材的冬虫夏草、以冬虫夏草和青稞酒为主原料的保健酒。目前也只有以冬虫夏草为主导的 10 多种系列产品，无法形成品牌效应。而且，冬虫夏草属于珍稀中药材，在全国的原材料资源供应较紧张，导致产量也无法突破。

3. 优秀的市场营销团队和管理人员缺乏，阻碍了公司的销售和效益，难以实现"走出去"

由于香格里拉地处滇西北高原，具有气候寒冷、环境恶劣、物产不丰、资源缺乏、贫困面广、交通条件差等特点，导致企业招不到有能力的员工，产品销售渠道不畅，大部分产品只能在本地出售。尽管产品优质，却很难在全国市场上售卖，更无能力打入国际市场。

4. 资金与融资渠道欠缺，影响了企业的快速发展

虽然企业有 9 项专利技术，但作为民营小微企业，其资金来源主要是由自然人出资。尽管通过多年运营，企业略有点积累，可资金量仍无法满足企业现代化发展的需要。企业要发展，减少与同行的差距，必须扩大规模，改进生产方式，更新生产设备，引进高层次人才与高素质员

工，这些都需要以充足的资金为前提。由于该企业所处地域所限，融资渠道少，且争取政府支持的途径不多，发展有一定的困难。

（二）虫草加工科技服务主要工作做法

根据企业实际需求，通过实地考察调研，科技服务团极力帮助企业解决在实际生产中遇到的问题，协助企业争取科技项目，为企业提供科技咨询服务、培训管理人员等。企业通过努力，不断改革创新，近些年得到了较好的成长与发展，取得了一定的成绩，也帮助了当地百姓增加收入，同时得到了当地政府的高度肯定与支持。

为落实完成好目标任务，以多种形式为企业提供服务，服务团成员先到企业进行考察调研，与企业负责人进行座谈交流，针对企业面临的困境与亟待解决的问题进行认真梳理分析和研判，查找原因后提出有效建议：加大宣传，扩大影响力，改良产品包装（之前产品外包装不能与时代同步），树立自己的品牌，改变营销模式，打开销路，增加产品种类，多方争取资金支持；同时开发自主知识产权，增强企业科技创新能力和市场竞争力。

1. 对产品外包装进行改良，注册"宜康宝"产品商标

该企业之前除了零售一些冬虫夏草中药材外，只有 5 千克老旧包装无商标冬虫夏草酒一款产品。这款当时 5 千克每瓶、售价 500 元的虫草酒，改变成精品包装后，调整为 500 克每瓶、售价 498 元。通过改变外包装，产品整体档次上升一大步，比以前的老包装更让市场接受，成为馈赠亲朋好友的佳品，企业收益显著增加。

2. 鼓励企业参加省内外的一些博览会，加大宣传，树立品牌形象，增强市场影响

由于公司高层管理人员的思想认识，且产品在当地销售情况也还不

错，因此企业以前基于行业特性，总是不太愿意在宣传上付出。2015年，公司的发展停滞不前，经过多次分析、动员及鼓励，公司负责人才解放思想，愿意对外宣传。至今，企业参加了云南省和昆明市政府等单位主办的"中国昆明国际农业博览会"等大型博览会（交易会），积极参加由云南省科技厅组织的在陕西召开的"中国杨凌农业高新科技成果博览会"和在广东深圳主办的"中国国际高新技术成果交易会"等大型国际展销活动，将公司产品在这些具有全国影响力的博览（交易）会上展示宣传，深受各主办单位和群众的欢迎。特别是在"深交会"上，公司展品获得当时带团省领导的称赞。2018年公司应邀参加了"第二届全国虫草大会"等全国性活动，提升了企业知名度，拓展了产品销售渠道，市场效果显著。

3. 鼓励企业顺应社会和市场需求，积极开发新产品

2016年，在原有的以冬虫夏草为主的品种之外，公司又开发了玛咖酒等产品，使产品增加到近十个，丰富了消费者的选择种类和余地。

4. 利用企业科技创新优势，积极争取政府支持，扩大生产规模，加速企业发展

争取到迪庆州政府科技计划项目"冬虫夏草规范化野外抚育基地建设示范"和云南省科技计划"正品冬虫夏草规范化培育示范"项目，获得政府财政资助共计150万元。企业改善了办公场所，增加了示范基地，提升了研发能力，同时参与了地方经济建设，带动了周边农牧民增收脱贫。

5. 努力寻求合作，转变营销模式，拓展产品销售面

该企业本身没有好的营销团队和优秀人员，因此，采取了借力合作共赢的模式，通过在昆明找到一家有较好销售渠道与经验的食品批发商

进行合作，以总代理方式将产品委托给批发商进行销售。这样既减轻了销售渠道不畅带来的烦恼，也节约了成本。

6. 应企业要求，多次邀请国内外同行专家提供技术咨询服务

先后邀请云南农业大学、中科院昆明植物研究所、湖南吉首大学以及以色列农业专家数次为企业在科技研发上提供帮助和支持，解决了研发过程中遇到的瓶颈问题与疑惑。同时也为企业管理人员进行相关培训100余人次。此外，还利用自身资源，将企业产品宣传推销到上海、江苏、江西、浙江、湖北、湖南、福建、广东及香港、台湾等地区。

7. 为确保企业原材料质量，帮助农民解决栽培技术难题

玛咖是企业生产原材料，在2016年玛咖种植加工热时期，由周边农民种植。当时，针对企业生产需求、农民在玛咖种植中遇到的技术难题与玛咖病虫害防治方法中存在的问题，邀请云南农业大学专家编写了《玛咖栽培技术规范（试行）》，制作科技培训教材并印制100余份送给公司，方便企业提供给种植玛咖的农民，帮助其解决实际生产中遇到的困难，确保了原材料的质量。

（三）虫草加工科技服务成效

在过去四年，潘鹏飞老师通过对香格里拉市宜康宝生物科技有限公司进行科技服务，自身在服务意识和能力上获得了进步与提高，受援企业也取得了较好的发展（图4-5）。

1. 指导企业完成科技项目实施、高新企业等申报、学术论文撰写发表等工作

参与完成省科技惠民计划"正品冬虫夏草规模化培育示范"项目的申报、实施、检查及验收工作，获省级财政资金资助120万元。参与完成迪庆州科技计划"冬虫夏草规范化野外抚育基地建设示范"项目

图 4 - 5 团队专家向企业代表赠送相关资料

的申报、实施和验收，获州级财政资金资助 30 万元。此项目总结出了冬虫夏草野外抚育技术规范，项目成果为冬虫夏草产业化打下了良好基础，目前已全部通过验收。项目成果帮助迪庆州农户形成中药材冬虫夏草野外培育的产业模式，为保护高海拔区域迪庆珍稀生物资源提供了较好的技术支撑；项目技术的推广应用带动了冬虫夏草产区农民的致富和增收，也可缓解目前及以后冬虫夏草作为高档中药材及保健品的市场供需矛盾。

企业参与撰写学术论文《虫口密度对蝙蛾幼虫迁移行为的影响》，并已在中文核心期刊《云南农业大学学报（自然科学）》第 34 卷第 1 期（2019 年）公开发表。同期，企业获得技术发明专利"一种蝙蛾卵孵化率的预测方法"和实用新型专利"一种仿生蝙蛾养殖室"，解决了野生药材冬虫夏草生产中的难题。

2. 企业获得各级政府及社会的肯定和赞誉

企业因成长发展较快较好，带动了迪庆州农牧民的增收致富，缩短了农牧民的脱贫进程，在行业科技创新中取得了较好的成绩，为迪庆特色生物产业走出了现代高原农业发展之路，也为地方经济和社会可持续发展做出了一定的贡献，2017 年获得"云南省高新技术企业"认定，2018 年获得"云南省科技型中小企业"认定。企业规模得以扩大，产值与效益同步大幅度提高。

由于企业在 2015 年获得"创新创业大赛云南赛区杰出创业奖"（奖励金 10 万元），成绩突出，2016 年被省科技厅推荐参加了"第四届中国创新创业大赛"，进入了"生物医药行业总决赛"，得到了与会专家的好评。

2016 年公司建立了研发实验室，增强了科研能力，流转了 10 余亩农牧民土地作为冬虫夏草野外繁育示范基地，为企业自主创新提供了平台。同年公司的科研成果"蝙蛾室内规模化饲养及提高其冬虫夏草产出率的研究"获得迪庆州自然科学奖一等奖。

2019 年，企业成为云南农业大学的科技成果转化基地，依托学校的科研及学科优势，为企业的升级发展提供科技支撑，同时有效地为学校与企业的科技成果转化推广提供了平台。

总之，潘鹏飞老师在服务虫草加工企业期间，尽自己所能，借助"万企帮万村"，积极参加精准扶贫，通过产业扶贫、就业扶贫，带动贫困农牧民实现脱贫奔小康。

附：访谈资料

我们香格里拉迪庆良种繁育与种植示范基地在以杨生超教授为首席

科学家，刘涛、孟珍贵老师为技术人员以及云南农业大学作为技术支撑的大力扶持下，已完成了820亩特色中药材标准化、规范化种植，与农户合作推广种植各类中药材达2000多亩，涉及686户农户，有效带动了农户增收。我们非常感谢云南农业大学的支持以及杨生超教授、刘涛副教授对企业的关心、帮助与具体的指导。他们每年都下来指导技术上的工作，对企业帮助很大。

今年我们申报了项目，后期还希望云南农业大学给予技术上的指导，特别是在中药材的加工方面，我们非常需要技术上的支持，这也是为我们镇建设中药材加工厂奠定基础。

下一步在乡村振兴计划中，我们企业要打造"党建＋特色＋药材展厅＋旅游"为一体的产业链，以提升产业优势。我们企业离不开党和政府以及大专院校的支持，希望学校能一如既往地给予我们支持。

——松建忠，香格里拉市忠浩野生中药材种植有限责任公司总经理

第五章

酿酒葡萄种植

酿酒葡萄的种植现已成为德钦县的支柱产业之一。自 2014 年 12 月起，云南农业大学植物保护学院汤东生副教授响应云南省科技厅"三区"科技人员专项计划的号召，带领团队赴德钦县进行酿酒葡萄种植及其病虫害防治工作调研，利用专业技术服务于社会，为推动云南"三区"地区经济发展贡献出了一份力量。

一、因地制宜推进高原特色农业产业发展

云南省具有独特的地理环境与气候优势，西北部是高山深谷的横断山区，东部和南部是云贵高原，地理位置坐落呈高海拔、低纬度的特点，而地貌以山地和丘陵为主，土壤为偏酸性的红壤，土质由砾岩和白岩风化而成，土壤呈结构疏松、透气性强、水热条件好的特点，因此非常适宜种植葡萄。云南省气候类型丰富多样，主要气候类型为高原季风气候，11 月至次年 4 月为旱季，5 月至 10 月为雨季，降水充沛，干湿季分明，气候呈现四季如春、冬暖夏凉的特点，总体表现为年温差小、日温差大、有效积温高、光照充足、紫外线强，因此有利于葡萄糖分的积累、色素的形成和芳香物质的积累，不利于病虫害的发生，早熟的酿酒

品种可以在 6 月下旬成熟，晚熟品种可在 7 月中旬成熟①。

云南省酿酒葡萄种植与酿制始于 19 世纪末，②先后在弥勒、香格里拉、丘北等地建设现代化酒厂，③并推出了"云南红""香格里拉""太阳魂"等多个系列葡萄酒知名品牌。云南独特的地理位置及气候，造就了不同类型的葡萄酒，也赢得了众多消费者的认可。随着产业结构的调整，如何在最优风土条件下聚合形成酿酒葡萄产业优势，是当前云南酿酒葡萄亟须解决的问题。云南省葡萄酒酿造产区主要是"弥勒产区"和"迪庆产区"。弥勒产区是云南首个酿酒葡萄与葡萄酒生产区域，于 19 世纪末进行葡萄酒的规模化工业生产，并从此揭开了高原红葡萄酒的神秘面纱；迪庆产区则是中国生产冰葡萄的最佳区域，具有耐寒丰产、无须埋土越冬的特点，主要集中于维西县和德钦县。④

除了具备得天独厚的地理条件，葡萄种植及酿酒产业还需要相关政府部门政策的支持、资金的投入以及相关科研机构的加入，才能实现可持续发展。为推动云南葡萄及葡萄酒产业化发展，近年来云南相关政府部门充分发挥职能作用，积极开展农业标准化示范区建设，加强质量管理，培育、打造龙头企业，助推地方特色产业发展；实现了"公司 + 基地 + 农户 + 标准"的产、供、销及加工一体化的产销模式，促进了

---

① 刘加强，汪荣，张加魁. 云南高原葡萄种植公司二万亩酿酒葡萄示范基地建设 [J]. 中外葡萄与葡萄酒，2000（4）：40 – 42.
② 王靖婧，涂勤，王德强. 云南省德钦县酿酒葡萄产业发展的实证分析 [J]. 中央民族大学学报（哲学社会科学版），2018，45（5）：111 – 119.
③ 马春花，邵建辉，蔡建林等. 极具特色的云南葡萄与葡萄酒 [J]. 酿酒科技 2011（7）：123 – 125.
④ 赵俊，代建菊，李永平等. 云南省酿酒葡萄产业发展现状及竞争策略 [J]. 中外葡萄与葡萄酒，2019（4）：72 – 74.

葡萄种植的规范化和规模化，并制定优惠政策，支持葡萄相关产业发展①。葡萄酒产业的优化，能够推动社会经济的发展，增加农户的收入，帮助农户脱贫。

二、以"农"为媒助力酿酒葡萄种植产业丰收

德钦县位于云南省迪庆藏族自治州西北部，是云南省纬度最高、平均海拔最高的地区，全境山高坡陡，峡长谷深，地形地貌复杂。因为位于金沙江、澜沧江、怒江三江的上游区域，德钦县几乎没有大面积的平地，自然环境险峻，不仅是边疆少数民族地区，也是国家重点扶贫的贫困地区。德钦县按海拔高差划分，地形可分为三类，分别为高山河谷区、山区以及高寒山区，其中河谷地带具备我国最优的酿酒葡萄生产基础。河谷地带昼夜温差大、海拔高、紫外线强、空气湿度低的气候特点使得在此种植的葡萄风味极佳。目前酿酒葡萄的种植已经成为德钦县的支柱产业，也是当地农民增收的主要来源之一。但由于德钦县地处藏区，当地特殊的民族文化背景、地理特点，使得当地对葡萄生产管理存在不足。因此，在德钦县开展酿酒葡萄种植技术和病虫害防治的试验示范对推动当地农业科技进步具有重要意义和示范效应。

在德钦县委县政府的高度重视下，德钦县葡萄产业培育工作从2000年开始规划启动，截至2011年，全县种植葡萄规模达到580余公顷，除霞若、拖顶两个乡外，其余6个乡镇均推广种植了葡萄。其中，云岭乡203.63公顷、燕门乡128.07公顷、奔子栏镇99.05公顷、佛山

---

① 摘自姚渊，邵建辉，马春花等. 云南葡萄与葡萄酒产业的发展现状及展望 [J]. 黑龙江农业科学，2013, 000 (002)：109 – 111.

乡81.56公顷、升平镇19.34公顷、羊拉乡15.98公顷，地方酒业有限公司基地33.33公顷。2011年德钦县启动了万亩葡萄种植推广工作。葡萄总产量从初挂果期的50.3吨增加到目前的1981吨，总产值从最初的18.3万元增加到830万元，种植农户最高收入达到8.1万元（2010年云岭乡共娘村民旺堆），亩均收入最高的村民小组达到6200元（佛山乡梅里石村民）。葡萄产业已成为德钦县广大农村增收致富的重要渠道，对统筹推进城乡经济社会和谐发展，促进农业增效、农村发展、农民增收起到了积极的作用。①

三、依托项目开展实地培训工作

项目自2014年12月份启动，实施过程中，在德钦县葡萄管理委员会领导的陪同下，汤东生团队调研了梅里酒业有限公司、轩尼诗酒业公司、香格里拉酒业公司和农民自种葡萄园，涉及燕门乡、云岭乡、奔子栏镇等多个区域，走访了相关葡萄管委会技术人员、酒业公司技术人员代表和种植农户（图5-1）。

图5-1 德钦县酿酒葡萄种植产业栽培实景

---

① 取追，此里央宗，李玉梅等.德钦县葡萄产业发展现状及对策［J］.云南农业，2013（4）：46-48.

调研走访后得知，德钦县生产的酿酒葡萄 60% 以上供应给香格里拉酒业有限公司，这其中 1/4 的葡萄基地由香格里拉酒业公司自己管理。该酒业公司的示范带动，对整个区域葡萄的规范化种植起到明显的推动作用。因此汤东生团队选择香格里拉酒业公司开展酿酒葡萄的病虫害防治试验，对当地葡萄种植的科技水平具有重要的推动和示范效应，使得科技服务更有针对性。

汤东生团队根据实地调研结果以及与酒业公司对接的情况，考虑到香格里拉酒业的种植目标是有机葡萄，即农药使用量极低，最终采用了目前较为成熟的技术方案——喷施兼具肥料与农药功效的天然植物激活剂，实地试验严格按照表 5 - 1 方案进行。

表 5 - 1　肥料试验方案

肥料名称	喷施时间			喷施方法	喷施浓度
	花前（花芽萌动）	坐果期（谢花）	果实膨大期		
格喜 1 号				叶面喷洒、根部浇灌	500—1000 倍（10 升）
爱诺森				叶面喷洒、根部浇灌	1000 倍（10 升）
海藻精				叶面喷洒、根部浇灌	1000 倍（10 升）

说明：1. 记录喷洒时间、喷洒前生长情况（定点图片）、喷洒后 7 至 10 天一次的生长情况；

2. 喷洒时采用照片记录操作（能看清肥料配制和喷洒的 1 至 2 张图片）；

3. 各肥料只配制喷洒一桶水，按照正常速度喷洒在葡萄树上，并留存未喷洒的进行对照比较（做好试验地块标记）；

4. 建议安排在同一地块进行（每次更换肥料时需要对设备进行清洗排空）；

5. 每次喷洒均在上次喷洒的植株上进行。

　　此方案选定叶面、根部作为喷施和浇灌部位，分别选用3种不同的肥料在3个不同时期实施记录。其中格喜1号在抵抗低温冷害过程中，可促使作物自身产生抵御能力，并有促根壮苗作用；爱诺森在抵御非生物因素胁迫的同时，可调节作物体内水分、运转营养物质，还可提高作物糖度、着色等属性；海藻精可增强植物抗病害能力，有效提高作物产量，提高果实成果率，尤其在葡萄种植方面对比明显。根据表5-1具体实施方案中所用药剂的特点和与香格里拉酒业相关技术人员代表的讨论结果，最终选择在达日开发区基地开展试验（图5-2）。

图5-2　在达日开发区基地开展药剂试验

　　项目自2014年12月份实施以来至2020年7月份，汤东生团队再次赴葡萄种植基地对项目实施的情况进行了检查，发现葡萄长势优良，未发生大面积病虫害。8月中旬团队再次对项目实施效果进行了检查、评比。通过对比分析进行试验处理的葡萄植株长势，团队发现施用三种药剂后，葡萄颗粒饱满、均匀整齐，穗重大，葡萄的着色均匀、着粉厚均匀，挂果较丰硕。施用肥料后葡萄的抗旱能力显著增强，病虫害发生较少。三种药剂处理效果之间差异不明显。同时专家团队还对此次项目的实施进行了项目满意度调查，结果表明香格里拉酒业公司对此次项目实施的结果较满意，并愿意继续采用这次项目总结出的方案进行推广（图5-3，图5-4）。

图5-3　药剂施用效果对比

左上为施用叶面喷施爱诺森的效果；中上为叶面喷施海藻精后的结果；右上为叶面喷施格喜1号后的效果；左中为根部浇灌爱诺森的效果；中中为根部浇灌海藻精后的结果；右中为根部浇灌格喜1号后的效果；下方三幅图为按无处理对照的试验效果。

图 5 - 4 药剂施用效果的整行对比

左上为叶面喷施爱诺森的效果；中上为叶面喷施海藻精后的结果；右上为叶面喷施格喜1号后的效果；左中为根部浇灌爱诺森的效果；中中为根部浇灌海藻精后的结果；右中为根部浇灌格喜1号后的效果；下方三幅图为按无处理对照试验效果。

四、总结与建议

项目在实施过程中，始终按计划推进；项目实施及时，措施和保障到位，无试验失误出现。通过本项目的实施，增强了专家团队及酒业公司基地相关技术人员对酿酒葡萄生长发育规律的认识。通过药剂试验的实施发现了所采用的三种药剂的优质性状。专家团队供给的药剂和实施方案对提高葡萄品质和葡萄的抗逆性具有较好的应用潜力，达到了促进酿酒葡萄种植技术进步、升级的目标。项目实施前拟定的各项目标得以实现，取得了较为满意的效果。在此项目实施后，专家团队总结出了如下三点建议。

（1）建立产前农业大数据和农业生产资料的溯源系统。此系统的建立可保护葡萄生产商的利益，防止葡萄生产商投资的盲目性，避免假冒农资产品对产业的危害。

（2）建立产中环节基于物联网的精准栽培管理系统。此系统的建立可节水、节肥，减少环境污染，降低生产资料投资，降低人工成本，提高葡萄品质和安全性。

（3）建立产后产品溯源系统。此系统的建立可增强消费者信心，提高产品价值，树立品牌形象。

第六章

蜜蜂养殖

蜜蜂养殖是迪庆高原特色产业。本章展示云南农业大学在迪庆开展的蜜蜂养殖科技服务：一是三区人才进驻德钦县燕门乡传授养蜂技术；二是联合国项目落地德钦县羊拉乡助力养蜂产业发展，这两项服务均取得良好的经济社会效益。

一、三区人才进驻燕门乡传授养蜂技术

2016 年 10 月至 2018 年 9 月，迪庆藏区科技服务团成员董霞教授和汪建明副教授被派往德钦县燕门乡，为德钦县品吉高原生态农业发展有限公司进行"三区"科技服务。以德钦品吉公司、维西哈达谷为依托，进行蜜源植物和蜜蜂资源调查（图 6-1）、德钦蜜蜂文化研究；结合公司和当地养蜂生产、产品检验、生产销售的实际需要，进行了蜂产品检验人员、高山蜜蜂饲养及蜂蜜生产技术培训等工作。

董霞教授和汪建明副教授首先对品吉公司所在养蜂区域进行了调查；询问当地农民养蜂有关事宜和存在的问题，为蜂农提供解决方法：调查过程中发现由于蜂农急于扩大养蜂规模，从丽江等地购买了中蜂蜂群，结果导致本地蜜蜂发病死亡，建议消毒杀菌，隔离病蜂，采取育王的方法、中草药防治及温湿度调节等方法进行控制，取得一定成效。结

图 6 - 1 蜜源植物调查

合科技局科技下乡活动，对德钦县霞若乡、拖顶乡的农民进行养蜂培训。培训公司的检验人员，帮助公司制定了检验室建立计划、规程，协助购买了分光光度计、天平、显微镜等蜂蜜检验所需要的仪器设备和试剂，建立了蜂产品检验室，使受援单位开展了蜂产品检验的工作。此外，对德钦和维西主要中蜂饲养区的蜂蜜进行挥发性成分测定，寻找特殊的物质，为该地区蜂蜜的品质鉴定、功效确定提供理论依据。

德钦县品吉高原生态农业发展有限公司成立于 2013 年 1 月，注册资金 100 万元，职工人数 8 人，是德钦县从事生态农业产业发展的小微企业。公司主要立足于白马雪山国家级自然保护区及珠巴洛河流域丰富的生物资源，围绕"白马雪山生态农业保护区"新概念，以该区域生物产业来推动德钦县乃至迪庆香格里拉生态农业建设为主要目标，推动白马雪山原始森林养蜂产业、林下中药材产业、核桃产业、生态土鸡产业的发展。公司成立以来已投资 180 多万元建成白茫雪山生态土鸡种鸡提纯和繁育厂，投资 100 多万元建成蜜蜂产品加工厂及公司办公区 2668 平方，拥有 5000 多平方公里白马雪山原始森林蜂源和 6800 箱白马雪山喜马拉雅蜜蜂蜂群资源。公司目前拥有知识产权

"活框养蜂技术"专利和"白马雪山""巅蜂机蜜"两个商标。2013年年底公司加入迪庆中小企业协会。自2013年起公司累计投资306万元在德钦县霞若乡、香格里拉市建塘镇、维西县保和镇建有1000亩中药材种子种苗基地。2013年生产中药材种子1020千克，种苗5000万苗，实现中药材种苗销售380万元。2014年生产中药材种子5200千克，种苗6800万苗，实现销售560万元，向迪庆州各地推广中药材种植2万多亩。另外，公司积极参与迪庆青稞产业推进，开展青稞产业开发。2014年建设冬青稞种植基地近5000亩，与香格里拉国家粮食储备库与香格里拉藏雄青稞食品有限公司签订青稞销售合同1500吨。在香格里拉市金江镇、德钦县霞若乡、云岭乡建有300亩蔬菜种子繁育基地。结合项目实施，公司每年开展农业科技培训达25场，培训人次达1500人次。公司已领办养蜂、中药材、养鸡、核桃等种养殖农民专业合作社12个，正在以"公司+合作社+农户"的产业运行模式开始投入运营，实现年销售"巅蜂机蜜"50吨和年出栏30万只白茫生态土鸡苗，实现年销售1500万元。公司正在成为德钦县最具发展潜力的小微企业。

针对科技进藏服务和"三区"科技服务，董霞教授和汪建明副教授开展了如下工作。

（1）养蜂资源调查。据了解，公司养蜂产业现虽具有一定规模，饲养蜂群6800群，但活框饲养的蜂群数量较少，还不到3000群，对一半以上的蜂群还是采用传统（老法）饲养方法。老法饲养的蜂群不便管理，产量不高，产品的质量也得不到保障，公司在听取专家建议后将把所有老法饲养的蜂群逐步改成活框饲养；有农户的中蜂活框养殖技术不高，虽是活框饲养，但蜂群的管理跟不上，产量也得不到更大的提高，产品质量也得不到更好的保障。所以，有针对性地对农户和中药材种植户进行了 4 场中蜂活框养殖技术和蜜蜂授粉技术理论培训，培训人次达 300 余人次。

（2）养蜂培训。深入现场培训，对农户、中药材种植户进行了中蜂活框养殖技术和蜜蜂授粉技术的现场培训 5 场，培训人次达 100 余人次（图 6 - 2，图 6 - 3）。利用蜜蜂为中药材授粉，可使中药材的产量增产 10% —30%。所以，利用蜜蜂为果树、农作物以及中药材授粉是一项大有作为的产业。

图 6 - 2　养蜂技术集中培训和现场指导

（3）公司投资 100 多万元建成的蜜蜂产品加工厂，主要用于蜜蜂产品的加工，并注册了"白马雪山""巅蜂机蜜"两个蜜蜂产品（蜂蜜）商标。在考察的过程中，两位老师发现技术人员在温度、时间上对产品处理掌握不精准，影响了产品的质量，就对技术人员进行了指导。在蜂蜜的处理过程中对温度、时间有严格的要求，技术人员按要求操作之后，产品的质量大有改善。

（4）向德钦县农业和科学技术局赠送《云南中蜂活框饲养新技术》科技书籍 10 册，《中蜂科学饲养技术——过箱图解》科技书籍

10 册，《中蜂活框饲养技术——过箱、养蜂场地的选择、蜂群的检查》科教片光碟 10 张；向公司赠送《云南中蜂活框饲养新技术》科技书籍 20 册，《中蜂科学饲养技术——过箱图解》科技书籍 20 册，《中蜂活框饲养技术——过箱、养蜂场地的选择、蜂群的检查》科教片光碟 20 张；向农户和中药材种植户赠送《云南中蜂活框饲养新技术》科技书籍 300 册，《中蜂科学饲养技术——过箱图解》科技书籍 300 册，《中蜂活框饲养技术——过箱、养蜂场地的选择、蜂群的检查》科教片光碟 300 张。

（5）在微信、电话中与公司、农户保持联系，指导养蜂技术和蜜蜂授粉技术。

图 6-3 养蜂科技服务和现场培训

二、联合国项目落地羊拉乡助推藏蜜产业发展

新农村发展研究院杜发春老师主持的联合国项目 2018—2019 年在德钦县羊拉乡组织了两次养蜂技术培训，受益人数 180 余人（图 6-4）。

91

图6-4　联合国项目养蜂技术培训在羊拉乡进行

2018年7月28—30日，联合国妇女署资助项目德钦县羊拉乡养蜂产业发展技术培训在德钦县羊拉乡甲功村委会举行。现场，来自羊拉乡甲功村、归吾村、羊拉村的养蜂农户42人参加培训。羊拉乡位于云南省西北部滇、藏、川三省交会地带，是云南的北极窗口，具有"鸡鸣三省"的美誉。羊拉乡养蜂业基础条件较好，发展优势明显，具有良好的扶贫效益。但是，目前该乡仍存在养蜂生产技术水平及生产方式落后、蜂产品结构与销售渠道单一、养蜂资金投入少、管理方式较落后、养蜂业受气候变化影响大等问题。针对生态移民原居住地藏族妇女对养蜂技术的学习需求，并结合迪庆州和德钦县产业扶贫规划发展的需要，本次培训主要从养蜂疾病防控、养蜂技术创新、蜂业品牌建设及蜂业资源保护等方面进行交流和培训。通过培训增加妇女之间的合作交流和经验分享，提高当地妇女在社区活动中的参与能力和自我发展能力；同时支持产业扶贫主体、加快建设养蜂业发展平台。在为期两天的培训中，来自安徽农业大学动物科技学院教授、博士生导师、蜂业研究所所长余林生，吉首大学历史与文化学院院长、教授、博士生导师罗康隆，云南农业大学东方蜜蜂研究所所长、教授、硕士生导师董坤，云南农业大学东方蜜蜂研究所、讲师周丹银，瑞士苏黎世大学民族学博物馆博士研究生、云南农业大学留学生方爱莲分别就中蜂健康高效养殖及病害防控技术、贵州麻山地区养蜂现状与资源保护、云南养蜂现状及中蜂饲养模式、中蜂传统饲养技术要点以及瑞士农民养蜂现状等主题展开授课。

现场，联合国妇女署中国办公室高级项目官员马雷军博士表示：联合国特别注重少数民族的发展，尤其是妇女的发展。通过调研，他认为这里环境好，但经济上还需要提高，项目更加看重女性在决策中的地位，所以有很多的女性来参加活动。专家组通过走访甲功村养蜂农户，在调研考察中发现了存在的问题。在为期两天的培训中，专家与蜂农进一步交流技术，提高了蜂农养蜂能力。

迪庆州妇联副主席寸金祥说：培训第二站落地甲功村很有意义，养蜂技术培训是打赢脱贫攻坚的重要一战，要靠支柱产业带动经济增长。通过为期两天的培训，要让大家掌握养蜂技术，减少不必要的损失，依托羊拉丰富的自然资源，大力发展养蜂产业。

2019 年 4 月 27—29 日，新农村发展研究院联合国资助项目"生态移民社区藏族妇女减贫研究"在羊拉乡甲功村开展了为期两天的养蜂技术交流培训（图 6 - 5）。

图 6-5 羊拉乡甲功村养蜂妇女（左）正在聆听周丹银老师（右）讲授"蜂巢内温度维持"

　　主讲人是云南农业大学东方蜜蜂研究所匡海鸥教授和周丹银老师，羊拉乡 58 名养蜂农户参加，其中妇女 21 人。本次技术培训由联合国妇女署中国办公室、德钦县科学技术协会和云南农业大学新农村发展研究院联合主办，旨在根据当地养蜂大户的需求，解决甲功村从 2018 年入冬以来，当地养蜂业频繁遭受野生动物破坏蜂箱、气候因素导致蜂蜜产量下降等问题。4 月 27 日下午，云南农业大学养蜂专家一行 9 人在甲功村委会负责人的带领下对该村养蜂情况进行了调研，实地考察村民的养蜂状况和了解村民的养蜂技术需求，并对养蜂大户进行现场指导。4 月 28 日上午，在甲功村举行开班仪式，由云南农业大学工会副调研员曹东伟老师主持。德钦县科学技术协会主席阿主首先致辞，他介绍了此次培训的目的，并做动员，希望各位学员珍惜学习机会，遵守纪律，将养蜂培训知识学以致用等。甘肃省委党校联合国资助项目组王河副教授简要介绍了甘肃项目组"社会性别视角下两孩政策对女性就业的影响研究"相关情况，并希望与联合国资助项目组之间继续加强合作交流。项目主持人杜发春研究员介绍了项目进展情况。云南农业大学东方蜜蜂研究所匡海鸥老师、周丹银讲师给当地村民分别讲解了"中蜂高效饲养"和"桶养中蜂技术"等内容。匡海鸥老师从中蜂生产存在的问题及原因、蜜蜂抗逆性、中蜂健康高效饲养技术措施、蜜源植物、蜂箱要求及其摆放等内容进行了详细讲解。周丹银老师主要从蜂桶的制造与维护、蜂桶的摆放及蜂巢内温度的维持、分蜂的预防及分蜂群的收捕、野生动物危害蜂群的应对措施等方面进行了培训。

通过两天的培训，在养蜂专家的指导下，当地村民对中蜂饲养技术有了更深入了解，并学会了应对野生动物危害蜂群的相关措施。养蜂专家形象生动地讲解了自己的饲养经验，参加培训的蜂农表示受益匪浅。此次培训为当地蜂农更好地改进养蜂技术、加强养蜂疾病防控等打下了扎实的基础，促进了蜂农之间的合作交流，进一步提高了蜂农的养蜂技能水平，助力当地养蜂业的发展。培训的顺利开展，标志着联合国资助项目"生态移民社区藏族妇女减贫研究"的结项。参加调研和培训的还有甘肃省委党校何志春教授、刘金玲教授、王河副教授，羊拉乡人大主席团主席农布、甲功村村委会主任阿江、羊拉乡文化站白玛，云南农业大学窦薇老师、王钧老师、杨益成老师，新农院硕士研究生朱炫屹、李园青和陈世龙等。

三、养蜂科技服务提质增效

以上三区人才和联合国项目在德钦县燕门乡和羊拉乡开展的活动，通过对农户中蜂养殖技术的现场培训，提高了农户的养蜂技术，提高了蜂蜜的产量和品质，增加了农户的收入；通过蜜蜂授粉技术的现场培训，让农户认识了蜜蜂授粉的重要性，通过利用蜜蜂的授粉，使得农作物、果树、中药材的产量也得到大幅度提高。

　　农户养蜂技术的提高，使每群蜂的蜂蜜年单产提高 15—20 千克，公司以 60 元/千克收购，农户每群蜂每年可增加收入 900—1200 元，如每户农户养殖蜜蜂 10 群，每年可增加收入 9000—12000 元。公司生产出好的产品，消费者买到了优质产品，同时，公司也获得了一定的利润。蜜蜂为农作物、果树、中药材授粉大大提高了其产量和品质，其经济价值远远大于蜜蜂产品本身的经济价值。

　　通过中蜂活框养殖技术的理论和现场培训，提高了农户的养蜂技术，加强了农户的养蜂积极性和自信心（图 6 - 6）。尤其是在雁门乡，通过蜜蜂授粉技术的理论和现场培训，加强了中药材种植户不但要种植好中药材的积极性和自信心，还激发了中药材种植户养蜂的积极性，进而利用蜜蜂为中药材授粉达到增产、增质、增效的作用。培训是短暂的，不能在很短时间内让农户完全掌握中蜂活框养殖技术和蜜蜂授粉技术。专家向农户赠送的科技书籍和科教片光碟，尤其是科教片光碟，为农户今后发展养蜂事业起到事半功倍的效果。

图 6 - 6　中蜂活框饲养技术现场培训和蜜蜂产品生产

第七章

藏香猪养殖

　　藏香猪又名藏雪豚、琵琶猪，是我国唯一生活在高原、高寒、高海拔地区放牧猪种，是经过藏族劳动人民长期选育而形成的具有当地特色的一种古老畜种资源。藏香猪的来源很具人文色彩。相传文成公主进藏时，歇脚于迪庆西部，偶然吃了当地猪肉，觉得味道鲜美且有异香，赞其为"藏香猪"①。从此，这种个头小、体重轻、肉味香的藏香猪便扬名雪域高原，成了藏族人民的最爱，更是他们藏历年、招待贵宾的必备食材。

一、迪庆藏香猪资源概况

　　藏香猪主要分布在云南迪庆藏族自治州、西藏自治区、四川甘孜藏族自治州等海拔 2800—4600 米②的农区和半农半牧高寒地区。藏香猪能适应寒冷、缺氧等恶劣的环境。藏香猪通常是放养或散养在山坡或林间。由于它的生长环境优良，远离污染源，饮山泉，采食牧草、树叶、果实、根茎等新鲜野生植物，具有较强的采食能力和对青粗饲料的消化

---

① 新志. 舌尖上的藏历年［J］. 新西藏，2019（2）：51 – 53.
② 周治宏等. 藏香猪的生物学特性及饲养管理［J］. 经济动物，2012（12）：198 – 199；徐大文，藏香猪的特点及市场前景［J］. 科学种养，2016（3）.

利用能力，且走动觅食、善于奔跑、抗逆性强，形成了藏香猪体躯结构紧凑精悍、骨骼细致坚硬、肉质坚实细密的特点。藏香猪号称在品质上有"六个最"，即肉品中氨基酸含量最高、微量元素最高、脂肪含量最低、猪肠最长、猪皮最薄、鬃毛最长，是传统的民族美食①，并被列为国家二类保护猪种②。藏香猪肉质非常好，富含蛋白质和氨基酸。每100克瘦肉（干样）蛋白质和氨基酸的含量分别高达81%和73%，且亚油酸的含量也比家猪高250%③。此外，藏香猪肉还含有钙、磷等元素，有利于人体健康。其营养丰富的肉质食用起来口感细腻、爽滑齿香、味道鲜美，被称为"人参猪"。藏香猪给每一位品尝过它的人都留下深刻记忆。

藏香猪体型较小，呈锥形，被毛呈黑色，少数为棕色；嘴筒直尖，耳小微竖或向两侧倾斜、耳根硬，颈短，背腰平直，腹部紧凑而不下垂，臀倾斜，欠丰满，乳头数多为4—5对；鬃毛长而密，长12—18厘米；尾小，四肢结实、紧凑，蹄质坚实、直立。成年母猪体重一般为40—50千克④，母猪的体型略大于公猪。成年藏香猪的屠宰率为67%，瘦肉率为52%。⑤

藏香猪是我国乃至世界的优秀种质资源，肉质香、营养高、抗逆性强、无污染，符合当前人们的饮食消费理念，市场前景广阔。然而，由

① 张传师. 藏香猪仔猪饲养管理［J］. 饲料博览，2018（4）：77 - 78.
② 张祯. 湟源县大华镇藏香猪养殖情况调查［J］. 青海畜牧兽医杂志，2012，42（1）：35.
③ 赵曦晨等. 藏香猪的生物学特性及饲养管理研究进展［J］. 饲养管理，2019（5）：26 - 30.
④ 严达伟等. 迪庆藏猪肉质特性的研究［J］. 云南农业大学学报，2007，Vol. 22 No. 1：86 - 91.
⑤ 徐大文. 藏香猪的特点及市场前景［J］. 科学种养，2016（3）.

于其特殊生活习性及生长速度缓慢、生长周期长的特点，使得目前藏香猪的规模化养殖处于初级开发阶段。虽然藏香猪屠宰率和瘦肉率均较高，但由于其体型小，肉品供应量有限，在短期内很难满足市场的需求。因此，掌握藏香猪特殊的生活习性和科学的饲养管理方法是推动藏香猪产业科学发展及构建藏香猪健康养殖技术体系的先决条件。

二、藏香猪养殖关键技术

在云南省科技厅、云南农业大学社会服务办公室和科技处及迪庆州科技局等的关心、支持和帮助下，农业科技进藏服务团团长李永忠教授召集相关人员组成专家团队，成立藏香猪养殖技术服务组。在组长严达伟教授的带领下，围绕制约迪庆州藏香猪产业发展的主要因素开展了系列技术研发及服务（图 7-1，图 7-2），研发并集成了"饲料种植及配方研制 + 高效藏香猪新品系选育 + 高海拔迪庆藏香猪标准化饲养管理技术 + 产品精深加工与销售"模式。从"田间到餐桌"藏香猪实现了全产业链绿色高效生产技术。藏香猪养殖技术服务组践行了"1 名专家带领 1 个团队服务 1 个产业"的"1 + 1 + 1"产业服务模式以及"党支部 + 专业合作社 + 基地 + 农户"的产业扶贫模式，开发非常规饲料资源 1 个，研发饲料配方 6 个，筛选藏香猪新品系 1 个（已完成 1 个世代选育），指导专业合作社开发藏香猪高端产品 3 个并建成产品加工车间及线上销售团队，制定国家标准 1 个（藏猪 GB/T32763 - 2016），获授权专利 9 项，累计带动建档立卡贫困户 200 余户，农户户均每年增收均稳定在 4800 元以上。

图7-1　专家团队指导仔猪圈舍建设

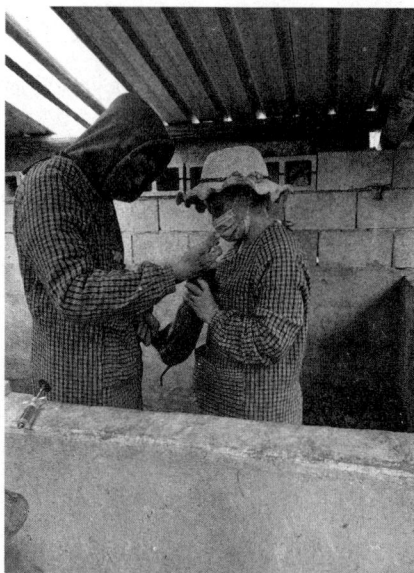

图7-2　技术人员正在给小仔猪注射疫苗（罗秋玲供图）

　　针对迪庆州海拔高、低温低氧、饲料资源匮乏、外来猪种不适应、当地藏香猪产仔少、生长慢、当地猪肉不能自给的实际情况，藏香猪养殖技术服务组以提高迪庆藏猪产仔数、生长速度和胴体瘦肉率为目标，围绕饲料资源开发与适宜饲料配方养殖、藏猪新品系培育、高效养殖综合配套技术研发、藏香猪精深加工产品研制全产业链进行技术研发与集成，主要开展了以下工作。

（一）藏猪适宜养殖方式筛选

　　从迪庆藏猪产区购买品质相对纯正、体重 20 千克左右的迪庆藏猪 26 头，分别在香格里拉市洛吉乡及绿源生态种养专业合作社养殖基地开展了两种饲养方式（农户放养、标准化场养）育肥试验（图 7 - 3，图 7 - 4），研究养殖方式对藏香猪生长、胴体及肌肉品质的影响，筛选迪庆藏猪最佳的养殖方式。

图 7 - 3　放养中的藏香猪

（罗秋玲供图）

图 7 - 4　圈舍中的藏香猪

（罗秋玲供图）

（二）迪庆藏猪优良肉品质分子标记物及其调控技术研究

采用高效液相色谱－四级杆离子阱串联质谱仪进行迪庆藏猪和野猪×迪庆藏猪肌肉全谱氨基酸代谢组及脂质组学检测及分析，明确迪庆藏猪优良肉质的分子标记物及其调控关系，为藏猪肉质调控及肉产品开发奠定了基础。

（三）迪庆州非常规饲料资源发掘及藏香猪系列饲料配方研制

针对当地饲料资源匮乏，无饲料加工厂、养殖饲料全部需要外地购进，养殖成本较高的实际情况，藏香猪养殖技术服务团队开发当地非常规饲料资源（核桃饼）1 个，以美国 NRC 营养标准为对照，按中国地方猪营养标准 NY/T2004 配制藏猪及杂优猪妊娠母猪、哺乳母猪、仔猪、育肥猪前期（10—30 千克）、育肥猪中期（30—60 千克）、育肥猪后期（60—90 千克）等不同生理阶段的饲料配方 9 个，选择 2 月龄断奶的迪庆藏猪 30 头，随机分为 6 组，分 10—30 千克、30—60 千克、60—90 千克 3 个阶段分别饲喂添加不同比例核桃饼的饲料，测定核桃饼替代豆粕对迪庆藏猪育肥猪生长、饲料转化效率、胴体、肉质等的影响及最佳替代比例，筛选出迪庆藏猪、藏系杂优猪母猪、生长育肥猪系列饲料配方。

（四）藏香猪提质增效关键技术研发与示范

藏香猪养殖技术服务团队引进杜洛克、撒坝、杜撒、藏猪等种猪到香格里拉市绿源生态种养专业合作社养殖基地，以"提高产仔数、提高生长速度、保持肉质"为目标开展杂交试验、育肥试验、屠宰试验及肉产品加工试验，筛选藏系杂优组合，研发并集成藏香猪提质增效关键技术，共完成杜撒（♂）×藏（♀）、藏（♂）×杜撒（♀）、杜撒（♂）×野藏（♀）、野藏（♂）×杜撒（♀）、撒（♂）×藏（♀）、藏（♂）×撒（♀）、杜撒（♂）×藏（♀）共 7 个组合的繁殖、育肥、屠宰、胴体、肉质性能测定，最终筛选到繁殖、生长及肉质均较好的最优杂交组合并进行横交固定以选育藏香猪新品系。目前已完成一个世代选育（图 7-5）。

图 7-5 专家团队对仔猪繁育工作的指导

（五）藏香猪系列加工产品研制

指导香格里拉市绿源生态种养专业合作社建成肉品脱酸厂房 20 立方米、速冻车间 30 立方米、加工车间 150 平方米、成品车间 280 平方米；屠宰野藏（♂）×杜撒（♀）杂交猪 80 头，加工火腿、腊肉、琵琶肉、香肠等产品 4 个；与深圳、广州等地的公司合作，将产品放在盒马鲜生等平台进行线上销售。

三、扶持洛吉乡藏香猪养殖成效

（一）工作成效

1. 研制国家标准（藏猪 GB/T32763 - 2016）1 个，开发饲料资源 1 个，研制饲料配方 6 个，集成藏香猪绿色高效生产技术 1 套，开发藏香猪精深加工产品 3 个，获授权专利 9 项。

2. 采用正反交反复选择法选育的藏香猪新品系母猪头胎产活仔数、初生个体重、初生窝重、21 日龄窝重、断奶成活率分别为 10.6 ± 0.9 头、0.92 ± 0.05 千克/头、9.42 ± 0.57 千克/窝、46.14 ± 6.1 千克/窝、81.21%，60 日龄断奶个体重 9.96 ± 1.72 千克/头、断奶窝重 82.98 ± 27.46 千克/窝、断奶成活率 81.21% ± 15.22/头，产活仔数、初生个体重、初生窝重及 21 日龄窝重分别比迪庆藏猪提高 100.00%、155.56%、255.47% 及 719.54%；育肥期猪 10—100 千克日增重 374.29 ± 49.12 克/天，比场养迪庆藏猪提高 17.46%，屠宰率、瘦肉率、脂肪率、皮率、骨率分别为 74.22 ± 2.77%、55.96 ± 1.81%、24.78 ± 2.43%、8.61 ± 0.79%、10.65 ± 1.08%，屠宰率、瘦肉率、骨率比场养迪庆藏猪提高 12.40%、28.23%、33.96%，脂肪率、皮率分别下降 35.70%、12.85%。藏香猪新品系的肉色级别为 4.58 ± 0.38、大理石纹级别为 4.75 ± 0.27、失水率为 16.79 ± 2.92%、滴水损失为 1.08 ± 0.53%，其肉色、大理石纹及肌肉保水性能均较迪庆藏猪有不同程度的改善。

3. 在迪庆藏猪和野猪育种的迪庆藏猪熟肉中均检测到 33 种游离氨基酸和 48 种脂肪酸及其衍生物。迪庆藏猪和野藏杂交猪熟肉中总游离氨基酸含量分别为 8845.06 毫克/千克和 10191.34 毫克/千克，迪庆藏猪肌肉中鲜味、甜味、酸味和苦味氨基酸的含量分别为371.91毫克/千克、627.91毫克/千克、118.31毫克/千克和984.35毫克/千克；野藏杂交猪肌肉中鲜味、甜味、酸味和苦味氨基酸的含量分别为301.80毫克/千克、581.06毫克/千克、112.63毫克/千克和942.60毫克/千克；野猪杂交后可显著提高酪氨酸（46.71%）、肌肽（29.76%）、缬氨酸（36.34%）含量；迪庆藏猪和野藏杂交猪肌肉中的鲜味、甜味、酸味和苦味氨基酸分别是谷氨酸、丙氨酸、苏氨酸和异亮氨酸。

4. 已建立专业合作社1个，社员547户，带动贫困户200余户，农户年均养殖藏香猪净利润4800—5200元。

（二）工作亮点

1. 一名专家带领一个团队服务一个产业的"1＋1＋1"服务模式

以严达伟教授为专家的藏香猪养殖技术服务团队，自2002年以来一直在迪庆从事藏猪研究工作，曾走遍青藏高原藏猪分布区。他们结合藏猪分布区气候寒冷、氧分压低、交通不便、饲料资源贫乏及当地养殖水平偏低、普遍以放养为主、生产效率低、当地生态脆弱的实际情况，分析了影响藏猪生产效率提升的各种技术因素。在为当地开展技术服务之始，服务团队就以一名专家牵头，集动物遗传育种、动物营养与饲料、环境卫生及牧场设计、预防兽医、食品加工等多学科、多专业的老师组建团队的形式，采取老师、研究生、本科生相结合，形成一名专家带领一个团队服务一个藏猪产业的"1＋1＋1"模式。经过几年的磨合和实践，该模式的成效已初步显现。

2. 从田间到餐桌全产业链发力，打通"最后一公里"，提升产业效益

服务团队充分考虑到生猪养殖行业存在饲料种植与生产、生猪养

殖、生猪屠宰与产品加工、产品销售等环节多、条块分割严重、产业链各环节联系松散等问题，会严重制约生猪产业效益的提升和可持续发展，挫伤养殖户的生产积极性。为此在进行藏香猪养殖技术服务过程中，服务团队从前端的非常规饲料资源开发、饲料作物种植、藏香猪适宜饲料研制，到藏香猪新品系选育、北温气候带高原寒温性湿润气候区迪庆藏猪适宜育肥方式研究及迪庆藏猪提质增效关键技术研发，再到藏香猪特色产品加工、冷链建设、藏香猪体验餐厅建设等进行整个产业链全链条设计。比如，服务团队进行核桃油加工副产物饲料化利用技术研发，充分利用当地废弃非常规饲料资源进行藏猪专用饲料研发。又如，服务团队还购买撒坝、杜撒、藏猪等种猪免费提供给香格里拉市绿源生态种养专业合作社养殖基地，以"提高产仔数、提高生长速度、保持肉质"为目标开展杂交试验、育肥试验、屠宰试验及肉产品加工试验。通过筛选藏系杂优组合，服务团队研发并集成藏香猪提质增效关键技术。经过杜撒（♂）×藏（♀）、藏（♂）×杜撒（♀）、杜撒（♂）×野藏（♀）、野藏（♂）×杜撒（♀）等7个组合的繁殖、育肥、胴体、肉质性能测定，最终将优选到的杂优理想组合进行横交固定。这使得采用常规育种与分子育种相结合选育的藏香猪新品系母猪头胎平均产活仔数10.6±0.9头，比藏猪（5.30±1.55头）提高94.91%，育肥猪20—100千克日增重480克，比传统放养藏猪（125克/天）提高284%，平均胴体瘦肉率56%，比藏猪（44%）提高27%。由于藏香猪新品系各项肉质指标均优于藏猪，深受当地养殖户欢迎。为此《迪庆日报》《云南经济报》曾作专门报道。为彻底解决养出来、卖出去、赚得到的问题，藏香猪养殖技术服务团队还指导香格里拉市绿源生态种养专业合作社建成完整的冷链（肉品排酸车间20立方米、速冻车间30立方米)、加工车间 150 平方米、成品车间 280 平方米,研制藏香猪火腿等产品 3 个,在香格里拉城区建立藏香猪线下实体体验餐厅 1 个,线上产品进驻盒马鲜生等平台,主要在深圳、北京销售,真正实现从田间到餐桌全产业链发力,打通最后一公里,实现了藏香猪养出来、卖出去、赚得到,提升了藏猪产业效益,促进了当地养殖产业的可持续发展。

3. "党支部 + 专业合作社 + 基地 + 农户"扶贫模式,促进产业扶贫

为推动洛吉乡洛吉村养殖产业发展,香格里拉绿源生态种养专业合作社充分利用党支部的战斗堡垒作用和党员的先锋模范带头作用,把支部建在产业链上,充分发挥基层党组织的示范引领作用(图 7-6)。

图 7-6 开展支部共建交流

合作社运用"党员示范加引领"的工作模式,以提升党员素质为抓手,推进脱贫攻坚工作。为验证新选育的藏香猪新品系在农户养殖条件下的实际表现,让农民真正得到实惠,香格里拉市绿源生态种养专业

合作社在社员中选择有养殖意愿的建档立卡贫困户 200 余户进行新品系藏香猪养殖中试。合作社按"体验餐厅＋合作社基地＋合作社社员"的模式，以 20 元/千克的价格（合作社基地垫资）提供仔猪给合作社社员饲养。在合作社无偿提供技术服务的基础上，按 60 元/千克的价格回收肥猪，屠宰后在体验餐厅销售。合作社社员饲养每头藏系杂优猪产生净利润 1200—1500 元，实现了"科技＋产业＋专业合作社＋精准扶贫"的有机结合，缩短了成果转化的时间，促进了农民增收。为此《迪庆日报》《云南经济报》也曾做专门报道。

4. 科教融合、教学相长，把论文写到大地上

服务团队的年轻教师、研究生、本科生在进行现场服务的 5 年中，年轻教师得到了锻炼和培养，研究生、本科生加深了对行业的感性认识，动手能力得到了提高。一名研究生通过参与服务发现藏猪养殖中的问题而提出了新的论文选题，在进行深入研究后完成了硕士论文。服务团队对农户的培训也不再是传统在教室内的课堂讲授形式，而是让部分农户直接参与到试验测定过程中，学到直接用得上的技术。服务团队通过服务过程中的试验测定分析、研究积淀和对藏猪产业的深度思考，参与申请的"特色地方猪高效养殖技术集成与示范"课题获国家重点研发计划项目（2018YFD0501200）资助，"迪庆藏猪选育技术研究及开发利用"课题被列入 2018 年云南省重大专项计划项目，"云南地方猪选育开发利用及粪便资源化利用示范"课题（2018BB003）获省科技厅资助，实现了科研选题来自生产、课题在生产中完成。通过科教融合、教学相长，学生把论文写到了大地上。

下一步，藏香猪养殖技术服务组将申请、筹集经费，按原方案完成藏香猪新品系三个世代选育，扩大中试应用，条件成熟时申请国家审

定；进行藏香猪养殖环境控制技术研发及系列配套技术集成、中试与熟化，最终为提高藏猪产业效益和当地农民增收服务。

四、探索藏香猪产业发展之路

精准扶贫的藏香猪项目选择位于香格里拉市以东87公里的洛吉乡深山。技术扶贫的养殖采用"合作社＋基地＋农户"的模式，由香格里拉市绿源生态种养专业合作社建设藏香猪养殖基地，带动当地农户养殖藏香猪。在多年持续而强有力的科技支撑下，合作社解决了藏香猪品种选育、饲养管理、规范养殖、规模化发展、肉质分析、产销渠道等一系列问题，完成了从传统养殖到专业养殖、规模养殖的升级转型，特色品牌打造已初现雏形。合作社现已拥有的9项专利技术（其中发明专利3项，实用新型专利6项）为产业的发展保驾护航。同时带动当地747户农户进行藏香猪的养殖，其中包括200余户贫困户，对当地的脱贫起到实实在在的帮扶效应。

2020年新冠肺炎疫情对当地藏香猪的养殖影响不大。这要归功于两个因素。（1）外部因素：养殖基地地处深山，地广人稀，人员流动不大，自然生态环境优良。（2）内在因素：合作社在开展藏香猪养殖示范、高产种猪培育、仔猪繁育生产、标准化养殖技术培训、藏香猪的防疫及污染治理、指导周边农户养殖藏香猪的同时，也利用周边荒山荒地及零星土地种植核桃，发展核桃产业。这样的种养殖并行，在很大程度上为当地农户增加了经济效益，而且核桃产业的副产品——核桃饼，也为藏香猪提供了一定的饲料来源。

翻拱取食是藏香猪的一个生物特性。散养在野外的藏香猪在取食茎、叶、果实等植物地上部分的同时，也翻拱土壤取食植物地下部分的根茎、块根、块茎，这样会破坏植物正常生长、加速植株的死亡。对高寒草甸生态系统而言，散养藏香猪的破坏力度和程度相比牛羊的放牧严重很多，植物自我修复能力远远小于藏香猪翻拱带来的损坏力。所以藏香猪野外散养时，要掌握好散养区域植被种类及面积大小与散养藏香猪的数量以及散养时间长短之间的平衡。这也使得监测散养区域植物群落结构与土壤、水分、温度、湿度的变化显得非常重要且有必要。一旦出现平衡风险增大或者散养区域相关指标变化，必须进行人为干预。通过维持良好、合适的放牧区域，保证平衡、稳定的散养条件，以保护多样、优良的生态环境。

为维护养殖藏香猪的天然生态环境，保障野外散养方式的可持续发展，需要加强散养藏香猪的科学管理。为此，一方面可适当改变或调整养殖模式，以减少散养对散养区域的破坏，维持区域生态系统，保证散养区域植被生态系统的可持续利用。另一方面可以选择适合当地生长的饲草植物加当地青饲料加当地特色饲料等进行喂养，以提升藏香猪的养殖质量。

目前服务团队已指导合作社建成完整的冷链、加工、成品车间的建设，研制了琵琶肉、藏香猪火腿等产品，建立了藏香猪线下实体体验餐厅，完成了线上产品进驻盒马鲜生等平台，主要销往深圳、北京等一线城市，实现了从田间到餐桌的全产业链。但为把这一产业做大做强，做到可持续发展，在把控好藏香猪生产质量关的同时，服务团队还要指导合作社把握好养殖生产规模与市场需求紧密结合的程度，以保证经济效益的持续体现，这样也更能促进合作社及养殖户的养殖热情和积极性。

为保障藏香猪产业健康、持续、稳定的发展，在已建立销售渠道的基础上，服务团队将继续拓展销售渠道，进一步提升藏香猪经济效益。

市场需求的多元化，对藏香猪产品的定位也必须更加细致与精确，层次也可以更加清晰与分明。譬如：根据消费者的用途，定位单批次出栏的是种猪还是肉猪；按照消费者的需求，肉猪又可按照体型大小分为年猪还是乳猪；根据消费者需求和饮食习惯提供指定的藏香猪某一具体部位；还可抓住特定高端消费者，实行订单养殖；根据客户的需求进行特别订养等，开展多元化、多样化、多层次、多方位的服务项目。

在藏香猪产业中植入"互联网＋"理念，充分把"互联网＋"、物联网等先进的科学技术和手段运用到藏香猪的全产业链中，实现"让消费者亲眼看到我们藏香猪绿色、原生态产品的由来"，明白藏香猪更香的原因。放养基地通过建立 RFID 物联网追溯系统，让每头藏香猪从出生之日起，就建立了谱系、种群、可追溯系统，让消费者可以通过远程视频看到基地实景，实时了解藏香猪的散养状况，藏香猪火腿腌制陈化过程。加强产销之间的互动性和亲和力，不断增强藏香猪产业市场竞争力，维护和拓展藏香猪的市场活力。

附：访谈资料

我退伍回乡后，就开始养猪，至今20多年。自从州校合作开展以后，云南农业大学组成的专家团队对我们合作社进行了持续不间断的帮扶，特别是在养殖藏香猪过程中对技术重点、技术难点给予了非常关键、非常重要的指导，对我们合作社的持续发展以及对贫困山区老百姓的脱贫致富提供了强大的助力，我们非常感激。

云南农业大学的老师不仅在技术上给予很大的帮助，还在我们公司的发展方面给予了方向上的指导和建议。我们非常欢迎他们的到来，希望他们现场指导的时间能够更长一些。虽然我们也经常通过电话、微信沟通交流，但我们公司总感觉在饲养管理方面有欠缺，能否恳请学校的研究生或专业人员给予1—2个月轮换性的驻场指导。

2020年严达伟老师不再对口帮扶我们合作社了，但他还是自己承担费用下来指导我们的工作，我非常感动。我们希望严老师能继续对我们给予帮扶。

现在国家的政策非常好，对养殖场的支持、对科技扶贫的支持力度非常大。但政策落地有差距，希望政府相关人员多做调研，因地施策，加强对迪庆高原特色农业的扶持力度，促进老百姓的增收，把好事办得更好。

　　　　——张正君，香格里拉市绿源生态种养专业合作社负责人

我从2015年开始建设养猪场养殖藏香猪，到现在已有1000多头了。其间，我又带动周边100多户农户（其中精准扶贫户50多户）养殖了1000多头藏香猪。藏香猪体型不大，最大的只有60千克重。藏香猪的产仔率不高，一般是5—6头/胎，最多的1胎生了9头小猪仔，这是非常罕见的。以前我们这里主要是放养，直到2019年出现非洲猪瘟后就进行圈养了。那个时候，我经常担心得整晚睡不着觉，生怕我的猪有个什么好歹。幸好没什么事，现在想想都后怕。

给小仔猪打疫苗就像对待小孩子一样，得小心地抱在怀里，安慰它，让它放松、不紧张，等打完针还要赶紧抚摸它、哄着它。它会像小孩子一样撒娇呢。再大一点的猪，当你靠近圈舍的时候，它们会向你踊来，抬着头哄哄地叫，讨着要吃的。

今年猪价好，我卖了猪，还清了以前一直拖欠的40多万元的玉米饲料款。现在国家政策好，鼓励养猪。2020年对养殖户基础设施建设

给予了 1:1 的资金支持。我也在扩建猪舍，我有信心把我的猪养好！

——罗秋玲，香格里拉市磨房沟养殖农业专业合作社负责人

我养殖藏香猪有 12 年了，现在是公司的业务骨干。现在我们公司的基地养殖了 850 头藏香猪。我的目标任务是：今年要带着 2 名技术人员完成 1000 头藏香猪的出栏指标。现在我们正在进行新圈的建设和老圈的改造。我们的规模会逐渐扩大，我们的种猪全部是由基地自己繁育。从 2019 年开始，养殖基地实行全封闭管理，保证猪不接触外界、外人。

公司与周边养殖藏香猪的农户签订合同，猪仔由基地提供或农户自家繁育。藏香猪经养殖体重达到要求后由公司统一收购。现在周边的农户平均每户养殖五六头。我们家也在养。2020 年我们家养了 30 多头，主要是我媳妇在家饲养。现在最大的困难是：老百姓喜欢放养，圈养（公司为防止感病要求圈养）后成本增加，老百姓不愿意扩大养殖规模，量起不来。

2020 年 7 月，我参加了中甸畜牧局组织的培训。通过培训，理论知识解答了我在实际工作中的一些具体问题，另外学到的新知识也为我的实践进行了补充。我感觉很有收获。如果有机会，我还想参加兽医方面的知识培训。

——七林定主，香格里拉市净土农业发展

有限公司藏香猪养殖基地技术员

我们家祖祖辈辈都养藏香猪，一般每年养 7—8 头，有大有小。这些猪都留着自家宰吃，从不拿出去卖。藏香猪要养 2—3 年，长到 100 斤左右才宰吃。2019 年我们家宰了 2 头猪，腌制了火腿和腊肉。

外来的品种不适应我们当地的气候，不容易养活。我们家的猪都是自己家的母猪下的小猪，然后养大。我们的猪一般是到山林草甸放养、喂酸奶水、青稞面。猪由于放养惯了，再圈养的时候，它们不停地叫，不停地拱门。我们快被吵死了。而且在喂食的时候，大猪霸着吃食，不给小猪吃。

小时候，家里宰猪，我最喜欢帮家里的大人吹猪尿泡（猪膀胱）。吹大后，就把它挂在家里火塘上方的横梁上。老话说这样可以防火灾。

——鲁茸多杰，香格里拉市角茸村村民

第八章

尼西鸡养殖

在云南省委积极推动实施科技进藏以来，云南农业大学迪庆州科技服务团从自身优势出发，结合迪庆州实际、短板和迫切需要，着力提升迪庆州种养殖科技装备水平，帮助迪庆州农牧业发展。以孙永科教授为代表的云南农业大学畜禽生态养殖专家团队瞄准香格里拉市家禽优势品种尼西鸡进行帮扶，主要通过技术指导与服务、疾病防控、培训养殖人员、推进养殖标准化、搭建技术服务共享平台、扶持养殖合作社和龙头企业等方式，着力解决养殖效率、疾病防治、商品化和市场化问题，取得了良好成效，得到当地养殖户和企业的大力支持。养殖户和企业养殖技术得到改良，科学规范养殖技术得到广泛应用，带动农牧民增收致富，特别是对贫困户产业扶贫效益尤为明显。

一、发挥特有鸡种优势推进养殖标准化

（一）尼西鸡概况

尼西鸡（图8-1）属迪庆高原蛋肉兼用型地方优良品种，以其体型小、产蛋多、肉香嫩而驰名。其主产于尼西乡海拔2900米左右的地区，藏语中称为"龙巴夏"。建塘、小中甸、格咱等地及相邻的德钦县

也有部分饲养。

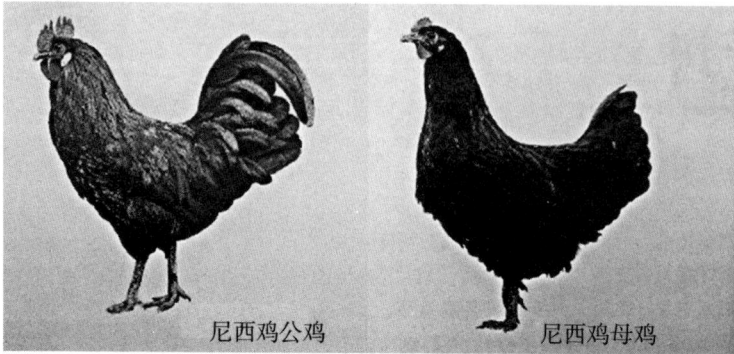

尼西鸡公鸡   尼西鸡母鸡

图 8-1   尼西鸡

经四川甘孜州畜牧科学院 DNA 鉴定，尼西鸡为一特有品种。尼西鸡体型小，身体灵活轻巧，善飞善跳，体质强健，结构紧凑。头宽而短深，喙短粗而略弯曲，多为黑色。多数平头单冠，公鸡冠大、厚而直立，母鸡冠薄、质地细致、柔润光滑，冠、髯、脸为红色。颈长而灵活。胸较深，向前突出。背腰宽而平直，腹深而软并有弹性，胸骨末端与耻骨间的距离较大，翅紧贴身体不下垂。腿相对细长，坚实有力，跗部黑色无毛，趾为 4 个。尾部端正而不下垂，尾羽发达，直立高翘，行走时与腰背似呈直角。皮肤多数白色，少数乌黑色。全身被毛紧密，母鸡羽毛纯黑居多，麻花和黄色次之。公鸡羽毛有大红、纯白、黑白花三种。大红公鸡主副翼羽和尾羽黑色镶边，项羽和鞍羽为金黄色或红色。母鸡年产蛋一般为 185—230 个，有的可达 240 个以上。每年 3—10 月为产蛋旺季，产蛋持续时间长，很少抱窝，每月产蛋在 22 个以上；平均每个蛋重 47.8 克，蛋壳为白色，少数为米红色。母鸡 6—7 月龄开产，公鸡 5—6 月龄开啼。母鸡 1—4 月份一般就巢两次，每次 10—20

天；8—12 月份一般就巢 1—2 次，每次 3—4 天。成年公鸡体重 1.4 千克左右，母鸡 1.2 千克左右。①

尼西鸡主要以地方育种为主。农牧民多选用个体大，体质强健，头大面短宽，冠大直立，冠峰明显的公鸡作种。公母鸡配种比例为 1∶6—1∶9。每户饲养公鸡 1—3 只、种用公鸡一般 24 月龄后即淘汰。选用羽毛纯黑、产蛋多的母鸡留作产蛋，利用期限 2—3 年。选用头短宽，脚细长，羽毛丰富的母鸡孵化小鸡，这类母鸡羽毛保温性能好，孵化率和育雏率高。孵鸡种蛋都来源于本地母鸡的自产蛋，常选择白蛋壳、椭圆形、气室小的新鲜优质蛋作种蛋。一般每窝孵蛋 9—13 个，孵化 19—21 天，多数破壳出雏。②

在养殖环境和方式上，养殖范围主要集中在尼西乡，地形多为山地，出产青稞、小麦等农作物。尼西鸡耐粗饲，当地农民居住分散，村前村后、房前屋后荒山灌丛较多，野生饲料丰富，适宜尼西鸡的养殖。农户习惯放养。鸡群从早到晚，在荒地、山坡灌丛中和沟溪旁觅食杂草籽粒、虫子蚂蚁、矿物质等丰富多样的食料。农户每天早晚补饲少量的玉米或青稞，平均每只鸡补饲约 50 克，1—2 月龄雏鸡每天补饲 3 次水拌玉米面（拌成干糊状），能够满足每只鸡一天饲料需求。雏鸡一般放养在院墙内，以防兽害。养鸡户一般无鸡舍，在屋檐下竖立两根平行方木，中间横搭 1—2 根木梁，专供鸡群夜间栖息，下方

---

①　香格里拉县尼西乡乡志编纂委员会. 香格里拉县尼西乡志［M］. 云南科技出版社，2015.8：374.

②　香格里拉县尼西乡乡志编纂委员会. 香格里拉县尼西乡志［M］. 云南科技出版社，2015.8：374 - 375.

装有竹编篱笆接收鸡粪（图8-2）。①

图8-2　尼西鸡散养模式

（二）尼西鸡发展前景

鸡肉是世界第一大肉类产品，根据2017年数据显示，鸡肉占所有肉类的39%。在中国国内肉类市场上，鸡肉是第二大肉类产品，占肉类总产量的15.2%。随着国内经济水平的提高和生活水平的改善，对肉类需求持续上涨，2020年我国是世界第二大肉鸡生产和消费国。2018年，在我国猪肉产量和牛奶产量分别下降4.71%和17.44%的情况下，禽肉产量增加了13.90%，禽蛋产量增加了8.09%。目前，我国家禽产业产值超过7394亿元，占畜牧业总产值的25.5%，成为我国畜牧

---

① 香格里拉县尼西乡乡志编纂委员会. 香格里拉县尼西乡乡志［M］. 云南科技出版社，2015.8：375.

业的重要组成部分。

近年来，国家高度重视家鸡产业的发展，先后出台了《全国肉鸡遗传改良计划（2014—2025）》《畜禽养殖标准化示范创建活动工作方案（2018—2025 年）》等一系列重要文件，把家禽业发展纳入国家发展战略。云南具有丰富的家鸡遗传资源，养殖历史悠久，鸡肉及鸡蛋是云南饮食文化的重要组成部分。在云南省委省政府提出大力发展高原特色现代农业战略后，作为八大重点产业之一的动植物种养产业，在打好、打出、擦亮云南特色、高品质、有口碑的"农业发展金字招牌"中就变得尤为重要。在云南省委省政府的领导下，出台了一系列鼓励优惠政策，为产业发展确定了方向和路径，也明确了行动方案和具体工作举措。作为迪庆州的名、特、优品种，在省委做出加快推进科技进藏的背景下，在实施脱贫攻坚和乡村振兴的条件带动下，尼西鸡产业得到提质增效，发展前景广阔。

近年来肉类市场的大幅度波动，也为尼西鸡产业发展提供了巨大机遇。一是非洲猪瘟导致猪肉紧缺，鸡肉可快速填补空缺。2020 年猪肉产量将减少约 1500 万吨，缺口较大，鸡肉是唯一可在短时间内快速增补的肉类。二是对口帮扶企业和政府为尼西鸡的宣传和体验提供了市场，树立了口碑。近年来，尼西鸡已经销往对口帮扶省份，取得了良好的效益。三是旅游业的兴旺为尼西鸡提供了巨大市场。当地养殖户说，"尼西鸡只要养殖出栏，就不存在卖不出去、卖不上价的问题"。由于市场的扩大，尼西鸡养殖规模远远达不到市场需求。

（三）尼西鸡发展现状及存在的问题

20 世纪 80—90 年代，由于消费者对肉类的消费处于需要数量的阶段，养殖者引进外来品种对地方鸡种进行无序杂交，使尼西鸡本地品种濒临灭绝。2000 年以后，在各级党委政府的重视下，科技和农牧部门开展了卓有成效的工作，尼西鸡本地种群逐渐恢复。2019 年尼西乡商品尼西鸡出栏约 15 万只[①]。尼西鸡成为餐桌上的常见佳肴。养殖者从中获得了可观收益，产业培育由此逐渐形成。

虽然尼西鸡在近年来得到了较大的发展，但也存在一些难点及问题。一是疾病防控认识不到位，防控难度大，风险高。由于历史、自然及区位的因素，尼西鸡疾病防治体系不完善；由于交通不便，养殖者、经营者观念不到位，不能自主开展鸡病防治工作；由于免疫程序不尽完善、抗体监测不力等因素，有关部门无法准确掌握鸡病发生情况及其动态；由于长期自繁自养、近亲繁殖，尼西鸡存在一些潜在疾病，加之外地引入各种家禽数量增多，使高原上鸡病疫情更加复杂化、多样化。二是饲养技术落后，基本设施条件差。鸡舍建造数量不足，鸡舍的保暖与通风缺乏必要的灵活性，饲养密度和饲料营养配比不合理，基础设施和生产技术落后，无法满足尼西鸡良种良法、良种良饲的需要。三是良繁体系不健全。由于尼西鸡饲养规模小且较为分散，育种尚无确定的核心群，没有成套的育种研究、纯繁扩群、生产推广等措施，再加上选育方向较单一、培育力度不够，自繁自养比重相当大，尼西鸡繁殖体系在市场经济中极其脆弱。[②] 四是养殖生产规模化程度低。尼西乡自古就有利用房前屋后空地和粮食副产品放养尼西鸡的习惯，这种小规模散养的好处就是最大程度利用了农牧户家里的空间和农作物，增加了农户收入，但是其养殖成品难以标准化，缺乏成本核算。五是尼西鸡的深加工企业

---

① 数据来源于尼西乡政府。

② 陈学礼，和嘉华等．迪庆州尼西鸡养殖业升级的一些思路［J］．当代畜牧，2017（11）：63．

少。尼西鸡的深加工是尼西鸡产业发展中最为薄弱的环节。消费者将尼西鸡买来一般都是用来熬鸡汤，故对其新鲜度要求极高，所以活鸡销售是消费者最喜欢的方式。随着冷链配送的发展，部分消费者开始接受冰鲜尼西鸡产品，但这对尼西鸡养殖企业来说也只是涉及屠宰、褪毛、洗净等初加工。

二、技术服务增强养殖装备水平

（一）突出养殖技术指导

在前期对尼西鸡养殖现状调查了解和考察调研的基础上，专家团队决定从养殖最迫切要解决的现实问题出发，突出养殖技术指导。近年来规模养殖户越来越多，尼西鸡规模养殖率更是达到了40%。为此，专家团队把提升尼西鸡养殖技术水平作为主攻方向，把先进养殖技术充分与实践相结合，真心实意地为规模养殖户办实事、做好事、解难事。为了把技术交到养殖户手中，推广与示范高原优质地方鸡种鸡饲养管理技术和生态养殖技术，专家团队至少每季度到尼西鸡规模养殖场（户）进行现场养殖技术指导1—2次，平均每个季度到派驻地技术指导8天。截至2020年，专家团队累计为规模养殖场（户）诊治鸡病314次，培养养殖技术能手5人，为扩大尼西鸡规模化养殖打下了坚实的基础（图8-3）。在现场指导过程中，养殖户和企业学到了新技术、新方法，直接能运用到具体的养殖过程中，所以专家团队每次现场指导都得到了养殖户和企业的热烈欢迎。

图8-3　专家团队为服务对象进行现场技术服务

(二) 开展技术培训

从专家团队把技术服务作为主攻方向后，团队注重收集养殖业高新技术、国内外最新禽病防治方法和相关药品等方面资料，提取、实验能用于尼西鸡养殖的技术和药品。团队立足生态养殖，充分利用云南丰富的中草药资源，将多种中草药方剂在尼西鸡养殖业中广泛使用并取得阶段性成果。目前中草药防治鸡病技术和生态饲喂技术已在养殖区大面积推广。特别是专家团队现场指导农户如何使用中草药，使尼西鸡成活率提高7%以上，养殖成本下降13%，产品质量大幅提高，深受养殖户好评。此外，团队积极编著尼西鸡作为高原优质地方鸡种鸡饲养管理及保健手册 (图8-4)，还注重收集大量尼西鸡主要传染病解剖图，为研究尼西鸡病诊治提供了重要的素材和资料，为培训技术服务员提供了直观、科学的教材。近年来，专家团队为企业和养殖户在尼西鸡推广示范区域开展养殖技术和疾病防控技术咨询，培训会议9次，养殖技术培训300人次，指导研究生和本科生生产实践培养20人次。

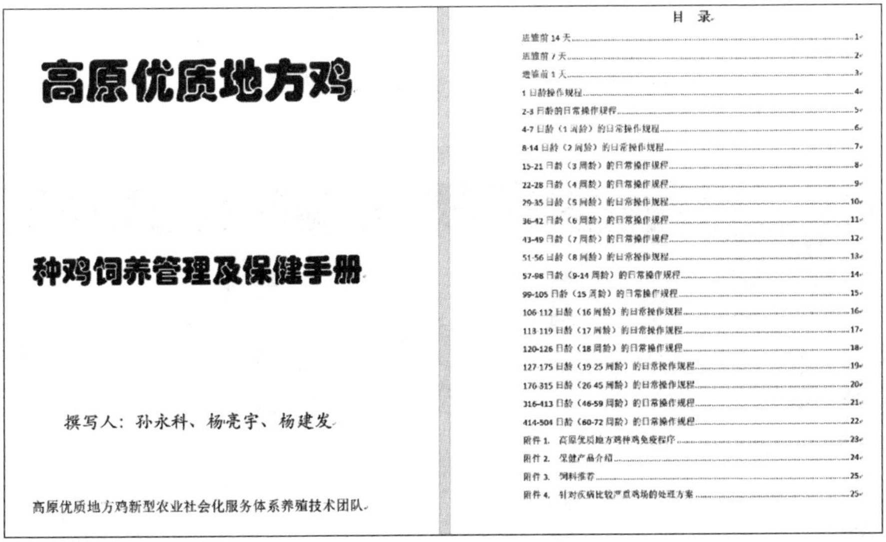
高原优质地方鸡

种鸡饲养管理及保健手册

撰写人：孙永科、杨亮宇、杨建发

高原优质地方鸡新型农业社会化服务体系养殖技术团队

目 录

图8-4 尼西鸡进入高原优质地方鸡种鸡饲养管理及保健手册

（三）着力帮助解决突发和重点问题

专家团队在注重技术指导和技术培训中，不仅仅重视现场效果，还时时关注突发问题，着力帮助解决突发和重点问题。一是建立了“家禽医生”微信群（图8-5），加强信息和技术交流。截至2020年，专家团队已上传技术资料18份和产业宣传资料4份。通过微信群，团队深入与养殖户和相关行业人员开展技术、信息交流，并提供远程技术服务，帮助香格里拉市及周边养殖户解决生产难题，减少了养殖疫病风险，并确保养殖户的产品适时出售，提高养殖户的经济效益。二是针对地方病风险防控和外来疾病防控建立预警机制，提前做好风险评估与准备。近年来，针对服务企业鸡白痢和白血病的突出问题，帮助企业开展鸡白痢和白血病净化工作，并制定净化技术方案。截至 2020 年专家团队已现场技术示范 8 次，诊治鸡病 214 次，提供的疾病防控方案挽回经济损失 13 万元。同时，专家团队帮助企业销售尼西鸡 3000 只、鸡蛋 5000 枚，直接或间接提升养殖户经济效益 17 万元，经济效益和社会效益显著。

图 8-5　建立"家禽医生"微信群提供技术服务

（四）加强与当地机构合作，推动技术和条件改善

在实际的技术服务过程中，专家团队注重与地方合作，做到尽量把技术留在当地。一是先后组织云南农业大学优质地方鸡技术服务组、香格里拉市畜牧局和企业负责人，深入香格里拉 2 个乡镇考察调研尼西鸡养殖状况，帮助完成养殖场的设施改造和技术指导工作（图 8-6）。二是积极扶持畜禽养殖专业合作组织和龙头企业。通过"三区"专项计

划实施过程中的技术指导和服务，以香格里拉市尼西鸡养殖龙头企业为主，指导养殖企业建立"龙头企业＋专业合作社＋标准化规模养殖场（小区）＋适度规模养殖户"养殖模式，带动农户发展适度规模养殖，降低农户投入风险、疫病风险和市场风险，并随时帮助企业优化、更新网站资料，提升企业知名度，促进企业拓展销售渠道。目前，该企业已成为香格里拉尼西鸡良种选育与引进、生产与销售、养殖技术集成与示范基地，解决当地农牧民20余人的就业问题，深受养殖户和企业的欢迎。

图8-6　指导企业规范化养殖

（五）搭建技术运用平台

为更好服务尼西鸡养殖，充分开发利用当地资源，解决当地人才资源缺乏的问题，经与政府职能部门协调，专家团队在香格里拉设立了云南省专家基层科研工作站（图8-7）。设立专家基层科研工作站，是省委省政府创新人才使用机制，盘活用好现有人才资源，促进基层经济社会发展的一项重要措施。专家基层科研工作站的设立，对做好尼西鸡疾病防控与技术推广工作具有重大意义。目前专家工作站已经完成尼西鸡的白血病和马立克氏病净化的前期工作。

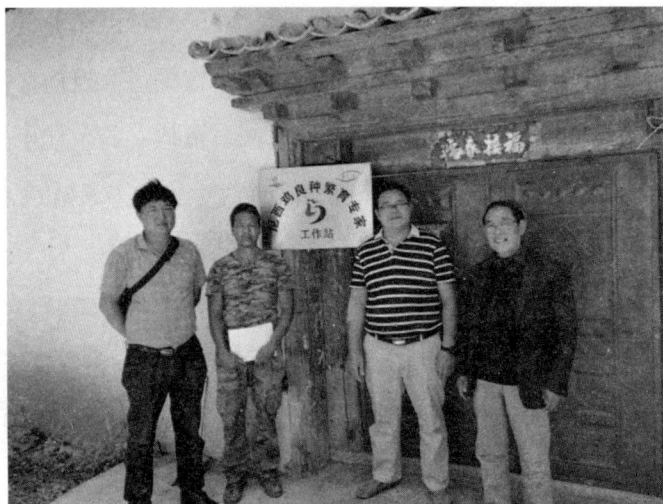

图8-7 云南省专家基层科研工作站成立

三、探索尼西鸡关键技术和服务方向

专家服务团队在技术服务中，也面临着一些问题。虽然经过专家团队的努力，相关问题有所改善，但是一些深层次的问题未得到有效解决，具体问题有如下几个方面。

一是保种繁育难度大，需要连续时间深入研究，并需大量人力、物力支持。本土品种在经过一段时间的外来品种杂交后，提纯提取恢复原有品种需要大量人力、物力支持，普通养殖户没有能力完成。对于专家团队来说，集中连续时间深入开展保种繁育工作难度也大，因而只能依靠政府机构、企业科研部门来完成。特别是其中的保种繁育场地建设、科研力量投入都需要政府相关部门支持才能完成，且这是一个长期发展的过程。

二是疾病防控压力大，病原复杂，对专家团队挑战大。除了由于鸡群聚集交叉感染造成的内源性病毒之外，外来感染渠道不可控，导致病毒来源复杂，尼西鸡疾病防控压力大。这些问题主要需要地方政府机构、企业科研部门进行持续、深入、长期地防控，建立数据库。专家团队只能给予技术指导和风险应急服务，不能系统开展防控。

三是技术转化难度大。在原来粗放养殖的基础上，专家团队虽然对养殖技术进行了指导与示范，并取得了一定的效果，但是养殖户文化程度较低，对技术接受和转化程度有限。这表现在，一方面养殖户习惯于长期形成的粗放养殖模式，养殖户认为"只要不出问题，就不会有问题"，所以当他们有问题反映的时候都是出现了某些疾病需要救治的时候；另一方面养殖户只考虑尼西鸡正常养大成熟，忽视养殖效率。培训、专业指导、现场示范带来的精细化养殖技术落地生根难。

四是推行科学养殖难度大。在藏族传统文化影响下的养殖户效率意识薄弱、市场意识较弱。他们养殖尼西鸡关注的是让鸡顺利长大成熟，不要出现疾病就行。这些观念使得养殖户在养殖过程中对选苗、饲养、棚圈管理、疾病疫苗接种等方面随意性强，不能按照精细化养殖技术要求开展规范养殖。

这些问题有些是长期的，有些是短期的，都需要经过一定时间，需要多主体参与，需要大量人力、物力支持才能有效解决。因此，专家团队在后期的技术服务中，更加关注以上问题，更加深入细致了解掌握具体情况，采用养殖户乐于接受的方式不断推进养殖技术改善。

（一）指导推进优化尼西鸡选育和保种

尼西鸡是当地居民长期驯化、选育而成的，适应当地低纬度高海拔、高寒季风气候、耐粗放管理、抗病力强、产蛋率较高的家禽。尼西鸡以其肉质鲜嫩、风味独特，符合现代人追求绿色、生态的食品需求，受人们欢迎程度越来越高。为此，专家团队统筹各方力量，持续深入做好开发和利用尼西鸡的优良基因，做好尼西鸡选育和保种工作。推广尼西鸡选育和保种，不仅能保护好地方品种的优良基因，还能改变现在小群分户散养的养殖模式，扩大尼西鸡饲养量，形成有一定规模和养殖技术的以点带面的养殖方式，使尼西鸡的出栏量逐渐增加。一是地方畜牧相关部门和养殖企业要加强与大专院校和科研院所的合作，按照尼西鸡生物学特性和经济学价值，分别选育出蛋用型和肉用型等品种。蛋用型着重强调繁殖性能好；肉用型着重强调早期生长速度快。在选育和保种过程中，通过建立稳定的动态核心种群，有计划地进行杂交组合，选择适应高寒地带的高产、稳产配套系作为基础繁殖种群。二是建立保种繁育场。以坚持提高其生长速度、产蛋率、孵化率为原则，加大科技养殖和规模化生产经营的推广力度，统筹规划好保种繁育场的空间布局。在尼西乡逐渐铺开养殖面，充分利用育种场的设备和技术力量，指导农户高效养鸡实用技术，加大选育力度和选育面。在保种区实行雏鸡共育、分户散养模式，为雏鸡提供适宜环境、优质饲料，通过合理防疫、精心管理，提高雏鸡育雏率。脱温后向保种专业户提供鸡苗，推广种蛋孵化和雏鸡脱温集中生产。饲养方式主要以放养为主，推广混合料补饲，在保持尼西鸡特有品质特征的同时，让各项生产性能指标都有一定程度的提高。

（二）指导加强尼西鸡规模化饲养和管理

一个产品要占领市场，除具备其特性外，还必须具有满足市场的数量。尼西鸡产业化发展除要注重品质之外，也要特别注重数量的增加。

尼西鸡除具有其独特的风味外，还必须规模化生产，在最终达到年出栏量满足当地市场需要的基础上，也要满足外部不断增长的需求，以达到供需平衡，打响"尼西鸡"品牌，提高知名度和曝光率，从而抢占市场，满足市场需要。因此，尼西鸡的规模化养殖是必然趋势，也是养殖业的一种走向。为此在利用尼西乡现有的林区、灌木丛、荒坡地来做尼西鸡的生态养殖场地，保持其肉质、蛋质香嫩度的同时，要扩大其养殖量，形成一定的规模经营，这才是发展尼西鸡的真正出路。

一是结合香格里拉市周边的饲料资源，因地制宜，就地取材。在充分发挥当地优势的基础上，推广适合当地环境的高效产出饲料作物品种，建立并完善科学、合理的尼西鸡全价饲料配方。针对不同的养殖规模、养殖方式，完善相应的养鸡设备和鸡舍等设施，尽可能使鸡的成长、生活环境保持原有的优势，又能提高养殖效率。针对饲料问题，在充分发挥当地优势的基础上，推广适合当地环境的高效产出饲料作物品种。二是结合尼西鸡生物学特性，借鉴外地土鸡科学养殖理念，推行差异化养殖模式。比如，可以在前期进行圈养，饲喂精饲料，促进尼西鸡快速生长育成；后期进行放养。放养时注重控制密度，发挥尼西山林、沟谷等地广人稀的土地资源优势，将圈养与放养结合运用，在放养场地建棚舍，使尼西鸡有足够的运动觅食和休息空间，保障尼西鸡放养时间，提升尼西鸡品质。这样出栏时既提升了养殖效率，提高了养殖者收益，也保证了尼西鸡原有的品质和口感。

（三）指导加强尼西鸡疾病防治和病原动态检测

深入指导尼西鸡疾病防治，确保尼西鸡产量满足市场需求。在深入调查和调研过程中，专家团队发现尼西鸡养殖的最重要风险来源于疾病防治，养殖户最担心的也是疾病问题。因此，专家团队指导的重点也集中在疾病防控上面。一是指导做好养殖场地和区域定期消毒，防止原生病毒和群聚病毒的产生和侵入；二是指导对外来进入的人员和物资消毒，防止外来病毒侵入；三是指导加强对尼西鸡病毒病原动态检测，并根据检测结果执行相应的净化方案和措施；四是指导进行生物技术层次的遗传隔离，减少因繁殖引起的疾病发生；五是可以进行不同村组、不同种群尼西鸡杂交，减少近亲繁殖概率。根据尼西鸡产地的疫病发生规律，拟定切实可行的免疫程序，并结合鸡群的抗体水平做相关调整。

（四）指导推动产业的协调联动作用

随着香格里拉品牌在全世界的打响，慕名而来的旅游者越来越多。迪庆州旅游业得到发展大跨越，也带动整个迪庆州的各类服务行业和土特产品产业的发展。随着人们对迪庆州民风民俗和民间手工艺品的需求不断增加，尼西土陶越来越受旅游者欢迎，尼西鸡消费量不断增加，尼西鸡品牌知名度不断扩散。尼西土陶在当地是用来炖尼西鸡的器皿。用此炖出来的尼西鸡味鲜、肉嫩，是最受游客欢迎的特色食品。尼西鸡出栏量增长有限，致使旅游拉动作用未得到有效发挥。因此要不断提升尼西鸡产量，充分发挥旅游业对尼西鸡发展的拉动作用。

在迪庆州市场范围内，随着消费观念的改变，普通藏族消费者已经由过去追求肉摄入量转变为更加倾向于对尼西鸡质量及口感的需求。由于尼西鸡个体小，在产肉量上处于劣势，但是脂肪和油脂含量较低，风味独特，深受普通藏族消费者欢迎，导致市场需求量较高。实际上，由于尼西鸡出栏有限，市场长期处于供不应求的局面。因此要不断提升尼西鸡产量，发挥旅游带动作用。要提高尼西鸡品牌知名度，促进产业升级，保证养殖者收益，需要各级政府和业务部门重视对尼西鸡生产的引导和指导，明确尼西鸡市场定位，真正实现高效优质养殖。同时也要进一步完善尼西鸡产业内在发展链条，大力开发尼西鸡（蛋）深加工产品，探索腌腊制品、冰鲜产品、即食产品的深加工工艺，提升产品附加值。

总而言之，单个产业发展不是孤立的，是要充分发挥市场配置资源的优势，统筹利用发展条件和资源，充实发展力量不足的问题。在产业弱小时，单个产业发展通过内在积累发展速度缓慢，按部就班的发展有时候会跟不上市场需求，赶不上市场变化，长此以往会被市场淘汰。再好的品质、再好的优势如果得不到市场的认可，也只能是被淘汰的结局。虽说"好酒不怕巷子深"，但如果不注重利用资源发展壮大自身，不注重品质、包装和宣传，也会导致"好酒也怕巷子深""养在深闺无人识"。要通过充分利用外在力量来发展壮大自身，既要追求品质，也要追求效率，才能延伸产业链条，促进产业发展和成熟。

第九章

中甸牦牛养殖

迪庆州地处滇西北高原横断山脉地带，为青藏高原南延之地，海拔1486—6740米，平均海拔为3850米，年平均气温为4.7—16.5℃，属温带—寒温带气候。独特的地理位置与气候条件孕育着这片土地上的每一个生灵。

一、调研中甸牦牛养殖现状和特征

牦牛，是高寒地区特有的草食性反刍动物，自藏族先民对野生牦牛驯化、繁养后，给藏族人民的衣、食、住、行带来极大的帮助，是藏族人民生活、生产资料的重要来源，更是藏族人民的重要财富。藏族人民的一日三餐取之于牦牛，或肉或奶；藏族放牧居住的帐篷、围幕、藏民御寒的服饰来源于牛皮、牛毛。体健耐寒的牦牛在空气稀薄、冰雪交加之境，更是骡、马无法替代的交通工具。特别是在经济落后的旧社会，牦牛曾作为当地重要交通运输工具占据重要位置，它与藏族人民的生产生活密不可分，被形象地誉为"高原之舟"。徐霞客在游记中曾写道："其地多牦牛，尾大而有力，亦能负重，北地山中人，无田可耕，惟纳牦牛银为税，盖鹤庆以北，多牦牛"。可以看出，以养殖牦牛为主的畜牧业在藏族地区的发展中占有极为重要的经济地位。

现今，虽然社会、经济等发生了巨大变化：钢筋水泥房代替了牛皮帐篷、汽车运输代替了牲口运输、衣物服饰用料和品牌品种多样化……生产物资的丰富和多元性充盈着藏族人民的生活，但悠久历史传承下来的生活习惯及藏族人民对牦牛深厚的感情，使牦牛养殖仍然作为迪庆州的支柱产业助力当地经济的发展。

香格里拉市地势南低北高，从南部而来的暖湿气流，使其降水相对丰沛，气候湿润。独特的气候条件使这里成为牦牛养殖的主要聚集地。中甸牦牛是当地牧民主要养殖的畜种，是我国优良牦牛类型之一。1980年4月，中甸县（2001年12月17日，中甸县更名为香格里拉县）兽医站首次开展全县畜禽品种资源普查工作，根据有关规定将此地牦牛命名为"中甸牦牛"。1983年，"中甸牦牛"被录入《云南省家畜家禽品种志》。迪庆州境内牦牛饲养场及三县14个乡镇养殖的牦牛品种均为中甸牦牛，所养殖（放养）的牦牛均为中甸牦牛种群内自配繁殖①。1986年，中甸牦牛被列为国家畜禽遗传资源名录，是适宜特殊地理环境的牛属牦牛亚属原始地方品种，属肉乳毛皮兼用型牦牛。迪庆州现常规存栏牦牛12万头左右②，有近5000家农户进行牦牛养殖；牦牛养殖大多以每家每户小规模散养模式，是处于自然状态下的放牧饲养（图9-1）。除冬季少量补饲干草外，中甸牦牛长年放牧于草甸及高山牧场，自由采食生长。这种粗放养殖方式受自然环境、气候条件等因素的影响较大，加之中甸牦牛自身生物特性，造成中甸牦牛个体偏小、生长缓慢、繁殖率低、饲养周期长、出栏量有限、市场拓展受限，从而制约、限制了中

---

① 云南省畜牧局，云南省家畜家禽品种志编写委员会．云南省家畜家禽品种志［M］．云南科技出版社，1987.

② 陈学礼等．提升中甸牦牛生产性能的措施［J］．当代畜牧，2018（4）：3-5.

甸牦牛养殖业的发展，难以满足当今社会对这一特色畜种产品的市场需求。

图9-1　中甸牦牛

李永忠教授充分发挥云南农业大学专业优势，调集了动物养殖、动物医学、牧草种植、食品开发、市场信息等专业的人才队伍组成团队，致力于助推迪庆州特色畜牧业、畜产品的发展。李永忠教授团队选定迪庆州中甸牦牛的养殖、产品研制、市场开发项目为精准帮扶的目标，正视藏牦牛产品市场的供需矛盾，掌握其发展的制约因素，选定香格里拉市斯恩养殖农民专业合作社作为具体服务对象，通过持续的倾力帮扶带动了当地牦牛产业的发展，促进了牧民增收致富。

团队到迪庆后，对当地牦牛养殖现状开展基础性信息调研。

1. 生物学习性

中甸牦牛体格健壮，头大额宽，有角。雄性牛角雄伟，角间距较大，角基粗大，角形从角基向后两侧伸张，再向上向后弯曲；雌性牛角细长，角基略向后两侧伸张后再向上弯曲，角尖多数稍向后。眼圆大而有神，额毛丛生，长者遮盖双眼。鼻长微凹，鼻径中等，嘴唇薄而灵活，齿较大颈薄无肉垂，雄性较雌性粗厚。鬐甲稍微起，背腰平直而长，尻部略倾斜，胸宽深，肋骨开张，腹部较大。体躯深厚，四肢相对粗短，蹄大钝圆坚实，尾较短，尾毛蓬生如帚。四肢及腹侧裙毛长20—40厘米，个别长及地。毛色主要为黑色，其次是黑白花，全身黑毛，而额心、肢端有白斑白毛，其他毛色者极少。①

中甸牦牛易兴奋或惊群，雄性性情凶猛喜角斗，雌性相对温顺但护犊行为强烈，幼犊（图9－2）活泼好动，喜相互追逐嬉闹。牦牛群体的优胜等级较为明显，强者在出行、放牧、补饲、交配中获优先权，弱者趋于服从地位。

图9－2　牦牛幼犊（孙永华供图）

中甸牦牛性成熟较晚。一般雌性牦牛初情期3岁，4岁才配种，初

---

① 迪庆藏族自治州农牧局编．迪庆藏族自治州畜牧志［M］．1994.

胎产犊的平均年龄在 5.38 岁；雄性牦牛也于 4 岁开始配种。配种季节为 6—10 月份，多数为 7—9 月份，产犊季节为 4—6 月；牦牛的妊娠期为 250—260 天，雌性牦牛的繁殖年限可达 22 岁，中甸牦牛的繁殖成活率为 52.60%。①

2. 生产性能

成年牦牛体重平均为 287 千克②，阉牦牛高于均重的 19%，雄性牦牛高于均重的 11%，雌性牦牛体重仅为均重的 68%；屠宰率：阉牦牛为 54.76%，雄性牦牛为 45.51%，雌性牦牛为 45.18%；净肉率：阉牦牛为 45.11%，雄性牦牛为 32.32%，雌性牦牛为 34.12%；产奶雌性牦牛平均泌乳期 210—220 天，年均产奶量 216 千克，乳脂率 6.27%，每年可产酥油 18—20 千克，奶渣 56—60 千克；成年雄性、雌性牦牛的平均剪毛量为 3.25 千克和 1.32 千克，含绒率分别为 15.12% 和 16.31%。③

3. 产业现状分析

迪庆境内共有草地面积 913 万亩，占迪庆州国土总面积的 18.8%。其中可利用草地 629 万亩④，是云南最大的天然牧场。中甸牦牛的养殖主要是以传统养殖方式进行，自然放牧于海拔 3000—4500 米的高山草甸草场、亚高山（林间）草场、沼泽草甸草场和亚高山及山地灌丛草

---

① 和占星等. 香格里拉中甸牦牛养殖现况调查 [J]. 中国牛业科学，2015，41（5）：44 – 52.

② 王可等. 中国牦牛的品种与分布 [J]. 产业透视，2019（55）10：168 – 171.

③ 杨国荣等. 中甸牦牛资源及开发利用建议 [J]. 中国奶牛，2015（7）：47 – 48.

④ 云南省迪庆藏族自治州农牧局畜牧科. 云南省迪庆州牦牛生产现状及其发展措施 [J]. 中国牦牛，1991（4）：32 – 33.

场等牧场。牧草以禾本科、莎草科为优势草种①。通常在牧草充沛的夏秋季是牦牛长膘时期，而在冬春枯草季，牦牛基本处于半饥饿、饥饿状态，体重减少20%—30%，甚至还会出现体弱牦牛死亡现象。有的饲养户会进行少量的补饲。但过度放牧造成自然牧场的载畜量过大、产草量减少、草场退化、土地含水量低、肥力变差、地面经流大、草地再生能力脆弱、沙化问题严重，禾本科、豆科等优良牧草减产而杂草、毒草迅速扩长，牦牛生长缓慢、生长周期长、出栏率低、生产效率差，产出不稳定，极大影响了藏族牧民的经济效益。

位于高海拔地区的迪庆州气候寒冷，牧场饲草一般于5月底才开始发芽返绿。随着气温的逐渐升高，饲草生长迅速，生物产量高，6—8月饲草茂盛。雌性牦牛采食足量的青草后开始发情接受交配，发情集中在7—9月，普遍2年才产1胎，故把握时机做好繁育是扩大牛群数量的关键。

二、对口帮扶牦牛养殖专业合作社

李永忠教授团队在香格里拉市选定牦牛养殖户罗体七林作为精准帮扶对象（图9-3）。罗体七林自家养殖牦牛，同时他也是香格里拉市斯恩养殖农民专业合作社带头人。李永忠教授团队一方面通过与其结对，开展养殖、优质牧草品种引进、屠宰车间建设、深加工产品开发等具体技术的帮扶，帮其补短板、促增收，另一方面通过塑造典型、以点带面，助推当地牦牛养殖产业的发展，帮助周边农户脱贫致富。

---

① 和映光等. 浅谈高海拔传统养殖与环境保护 ［J］. 农民致富之友，2014（2）（下半月）：48.

图9-3　李永忠教授团队与帮扶对象合影

李永忠教授团队充分尊重当地养殖户的意愿和习惯，在其现有养殖方式的基础上，润物细无声地将科学养殖技术植入他们平时的养殖过程中；通过相互的沟通交流，把科学养殖的理念和基础知识讲授给养殖户，帮助他们在牦牛养殖过程中，改进技术、更新观念、拓展思路、提高效益。

（一）养殖方面

1. 牛舍的建设

根据实际情况，罗体七林家的牛舍选址于地势相对平坦、背风向阳、土质坚实、排水条件良好、水电供应充足、交通便利的地方。在充分考虑通风、光照、保温等因素后，团队帮助罗体七林坐北朝南建设了600平方米的房屋型牛舍。牛舍的主体建筑采用砖混结构，牛舍内的牛栏采用对头双列式布置。牛舍地板和墙壁选择便于清洗和消毒处理的水泥混凝土。配套设置粪尿沟及污水处理池。饲喂通道设计 U 型料槽，牛舍内配置了自动饮水器，保证牦牛的饮水需求（图9-4）。

图9-4 李永忠教授团队察看牛舍建设

2. 牛舍的消毒管理

团队为罗体七林制订了牛舍的消毒管理规范和具体措施。

牛舍的清洁与消毒要求：经常清扫牛舍，保证舍内、牛槽及粪尿沟、污水池的清洁卫生。牛舍消毒定期采用2%氢氧化钠或生石灰作为消毒剂；污水池、粪尿沟采用漂白粉作为消毒剂。牛舍一般在每年的春秋季分别进行一次全面彻底的消毒处理，用0.1%—0.3%过氧乙酸或1.5%—2.0%氢氧化钠作为消毒剂。牛床和采食槽每个月进行1—2次消毒处理。牛舍内排泄的粪尿及时通过堆积发酵方式进行无害化处理，对堆积粪尿的位置及时清洗消毒。牛舍内环境消毒可采用0.1%新洁尔灭、0.3%过氧乙酸或0.1%次氯酸钠等作为消毒剂定期消毒。牛舍入口消毒剂用2%的氢氧化钠溶液进行处理。对隔离过病牛的圈舍采用

1%福尔马林溶液、5%生石灰溶液、10%的氢氧化钠和2%的来苏水对圈舍及周围环境、饲养用具进行全面消毒，每天上午、下午各消毒一次，连续处理一周。

人员消毒要求：工作人员定期体检，患病期间不能进入牛舍；平常（非紧急防疫期间）进入圈舍要通过严格消毒处理。疫情期间严禁外来人员进入圈舍。

用具消毒要求：生产中经常使用的生产用具、料槽、饲料床等进行定期消毒处理，消毒剂一般使用0.1%新洁尔灭或0.2%—0.5%的过氧乙酸进行消毒处理。

3. 科学放牧及补饲

根据中甸牦牛的生活习性，结合香格里拉当地的气候、环境条件和罗体七林及其合作社放牧的实际情况，团队制订并提供了一套科学放牧方案：针对常年放牧于高山牧场的牦牛群定期进行补饲，在牧草丰富的夏秋季节，补饲周期可据实际情况适当延长；在牧草匮乏的冬春季节，根据实际情况缩短补饲周期，以保证牦牛的正常生长。对于在坝子草甸放牧的牦牛群，在夏秋季要利用牧草生长旺盛的特点，依照"早出、晚归"的放牧原则，延长放牧时间保证牦牛尽可能采食充足的食料，确保育肥的充分，因为夏秋季节是牦牛放牧育肥的关键时期。在气温较低的春冬两季，放牧时间相应缩减，遵循"晚出、早归"的原则，避免低温对牦牛造成的应激反应及能量的损耗，影响其正常生长。无论是在高山牧场还是在坝子草甸放牧的牦牛，都应适时给予食盐和温水的补给，尽量避免冬春季放牧时牦牛食用冰雪止渴引起消化系统疾病和繁殖障碍。

根据罗体七林养殖的牦牛数量及牦牛的生长状况，团队分类别制定了常规和特殊时期的补饲计划：根据冬春季、夏秋季牧草特点对于放牧于高山牧场的牛群定期补饲，针对不同年龄段、不同生长期和生理期牛群进行特定的补饲；根据客户订单需求进行圈舍集中补饲，为牦牛的育肥及扶壮，提供强有力的支撑。同时根据罗体七林养殖的实际情况，结合草场紫花苜蓿、鸭茅饲草品种及以当地粮食作物为原料的情况，设计了相应的补饲青贮饲料和以玉米、小麦、青稞为原料按一定比例配制而成的混合饲料。团队通过一系列补饲措施的具体落实，保障了牦牛平均增重率达40%以上。

4. 科学繁育

罗体七林的藏牦牛繁殖采用自家养殖牦牛群体中种公牛和育龄母牛的自繁自养。由于近亲繁殖，繁殖效率、犊牛成活率不高。针对这一问题，团队采用第一阶段技术帮扶措施，通过对牛群驱虫、补饲及犊牛培育等措施，对牦牛群体进行提纯复壮，筛选优良牦牛组建繁育的核心群，以提高牦牛繁殖质量，保证犊牛成活率。

在第一阶段技术措施实施到位后，团队还将采取种牛选育、引进性状优良的个体或品种进行配种，引进远源优良冻精，运用牛的同期发情操作技术开展程序化人工授精技术植入等方式帮助牛群获得良种后代，提高牦牛的生产性能。

5. 疾病防治

中甸牦牛的疾病防治坚持"预防为主，防治结合"的基本方针。团队与香格里拉市畜牧兽医局联系合作，准确把握牦牛疫苗接种时机，定期对牛群进行免疫接种，有效增强牦牛自身对于传染病的抵抗能力，有效减少牛群内传染疫病的暴发；定期驱虫，定期补喂驱虫剂防治寄生虫带来的危害；做好牦牛饲养环境的清洁及消毒、加强日常饲养管理的指导工作。团队通过帮助罗体七林及合作社其他社员将各项技术措施落实到位，以期增强牦牛抗病能力，防范牦牛疾病的发生。再加上多年的养殖经验，罗体七林及合作社其他社员在放牧或圈养期间都可以通过留心观察，适时掌握牦牛的身体状况、进食及反刍情况、精神状态、行为表现等，做到早发现、早治疗。

（二）牧草培育方面

罗体七林现已建成 140 亩的牧草饲料种植区，包括 50 亩的玉米、70 亩的燕麦、20 亩的高原冬春饲草种植园。针对罗体七林种植的箭舌豌豆、紫花苜蓿、燕麦、披碱草、无芒雀麦、青稞、蔓菁等高原冬春饲草出现牧草长势减弱、生长量降低、品种退化、饲草园内杂草丛生等问题，项目组及时开展现场察看，制订解决方案，保障园地牧草品种优良，提高园地牧草生产总量，提高园地产能效率。首先，项目组采取封育、除杂、补播、施肥、刈割等综合技术措施，使退化草地的生产力得以快速恢复和提升。其次，在原使用品种的基础上，项目组推荐引种高效、高产的牧草品种。李永忠教授专门联系了我国著名油菜专家、中国工程院院士、华中农业大学傅廷栋教授团队，引种两个高产饲用油菜新品种在饲草园内试种。再次，项目组指导罗体七林充分利用当地的饲草、玉米秸秆等资源，大力开展青贮料的制作及储存，作为冬春季饲草的有效补充。

2020 年罗体七林计划利用山谷的空地种植 30 亩玉米作为冬春饲草的补充。项目组根据他的计划安排及诉求，帮助其推荐适合高寒迪庆种植且产量高、长势好的玉米品种。

三、探索牦牛产品深加工及其营销管理

（一）屠宰车间建设

合作社已建成了 1 个日屠宰量 50 头牦牛的半自动化生产车间及 1 个专业冷库。项目组根据其建成的生产车间及设施设备现状，为合作社提供了牦牛屠宰过程中微生物污染的防控技术措施，其中包括微生物污染来源介绍，牦牛屠宰过程中微生物污染防控技术（检验检疫、消毒处理、环境卫生）等。牦牛屠宰控制微生物污染是关键环节。从实施待宰、刺杀放血、预剥清洗、食管结扎取内脏、劈半、修整和喷淋，到排酸等，每一个步骤、环节，团队都详细地强调了处理方法和注意事项，以保障合作社在屠宰牦牛时最大限度保证牦牛产品的新鲜度和口感，也防止在屠宰过程中由于对优质牦牛肉质的微生物污染而造成经济损失（图 9 - 5）。

图 9 - 5　合作社建设的牦牛屠宰车间

（二）深加工产品开发

李永忠教授携团队成员与罗体七林就不同加工方法、不同处理时间、不同陈化环境对牦牛干巴风味的影响进行了深入探讨，并为罗体七林提供了改善牦牛干巴风味及保持产品稳定性的可行性意见和建议。

随着香格里拉旅游业的不断发展以及人们对食品质量要求的提高，牦牛产品的开发和深加工产品的产值直接关系到牦牛产业的经济效益，也关系着牦牛养殖户的积极性、养殖热情及投入的时间和精力。在当地政府和相关企业的努力下，牦牛干巴、牦牛肉干、牦牛香肠、牦牛酸奶、酥油等牦牛系列深加工产品孕育而生。团队拟将在原有产品的基础上，帮助合作社研发1—2个牦牛深加工产品，为牦牛养殖增效。

（三）产品宣传与市场开拓

2019年6月12日至18日南亚东南亚国家商品展暨投资贸易洽谈会（下称"商洽会"）在昆明滇池国际会展中心举行。6月14日，罗体七林随迪庆州政府和相关企业人员接受了云南网的访谈。罗体七林在访谈中说："我主要做牦牛产品，迪庆香格里拉的牦牛生长在海拔3800—4900米，牦牛的营养价值非常高。合作社目前形成了从养殖到餐桌一条龙产业链。我们家三代传承，一直养殖牦牛，就想把高品质的牦牛肉让全国乃至全世界的人民品尝。"在商洽会期间，迪庆州专门选用了在雪域山原生长的6年生野生牦牛，开设了一场中甸牦牛肉品鉴会，供嘉宾品尝，其鲜美且有营养的肉质，受到广大来宾的热捧。高原雪域产销联盟借此时机，首先将中甸牦牛——这一中甸藏家所拥有的最原生态、最本真的好产品作为国家地标性的品牌进行打造，并向市场和消费者进行广泛推介。①

在积极配合迪庆州政府、相关企业对中甸牦牛品牌推广的各项活动的同时，李永忠教授团队也在努力利用云南农业大学市场营销、市场信息等专业的优势背景，竭力为合作社的牦牛产品开展信息分析、市场营销工作。多腿走路，朝着"打造中甸牦牛、促进牧民增收"的共同目标和方向前进。

毕竟"酒香也怕巷子深"。虽然牦牛产品已随着旅游业发展逐渐被消费者接受和喜爱，但在网络信息爆炸的新传媒时代，产品没有做好宣传或进行了无序无章的产品营销，牦牛产品的市场竞争力会受到极大的影响和冲击，极易被淹没于茫茫市场的浪潮之中。所以品牌的打造及市场的推广也将是团队在下一阶段持续帮扶的重要内容。

通过一系列的措施到位及精准帮扶，罗体七林带动了周边 20 余户牧民开展牦牛养殖，2018 年实现了整村脱贫。2019 年罗体七林销售了 42 头牦牛，获利 32 万元。

2020 年 4 月上旬，李永忠教授在新冠肺炎疫情防控的特殊时期，十分牵挂罗体七林和他的合作社，在做足了充分防控措施的基础上，带队再次奔赴迪庆。团队深入罗体七林及其合作社牦牛养殖一线，详细询问疫情对当地生产、生活的影响，春耕备耕的进展情况，科技帮扶后的产业发展现状，生产过程中存在的问题，牧民的具体诉求等（图 9-6）。

---

① ［云南网商洽会访谈］这是一个最好的展示和检验平台. http：//yn. yunnan. cn/system/2019/06/15/030301347. shtml.

图 9-6　团队组成员与罗体七林交谈

当李永忠教授听到疫情防控期间，合作社牦牛养殖一切正常，冬春饲草的种植已下地，合作社的生产、牧民的生活未受到疫情影响，春耕备耕已按部就班开展时，倍感欣慰。李永忠教授团队还为罗体七林带去油青、健胃散等畜用药品以及缝合针、手术刀片、刀柄等医用物品。这让罗体七林非常激动，他拉着李永忠的手直说："巴查阿鲁（藏语：好兄弟），你怎么就走进了我的心里呢？"原来，在平时的沟通和微信交流中，罗体七林流露出的点滴信息被心细的李永忠默默记在心里并付诸行动了。物微意重，怎能不让人感动呢？李永忠正是用实际行动诠释着他常说的一句话："我们的帮扶就是要帮到实处，帮到牧民的心坎上；我们的扶贫就是要把雪中送去的炭烧旺了、烧红火了，让牧民朋友从心底里感受到温暖。"

四、研究传统牦牛养殖的传承和发展

利用专业优势，组织团队继续帮扶专业合作社及养殖户解决中甸牦牛产业生产过程中存在的具体困难和实际问题，譬如合作社及养殖户所关心的品种纯化、基因改良、奶质保障、高产牧草选育、乳制品新产品研发等问题。一方面，把现有的、成熟的科研成果转化到合作社及养殖户手中；另一方面，团队科研人员急牧民之所急，在中甸牦牛实际生产过程中发现实际问题，在生产过程中开展科研攻关并实施成果转化，真正做到把论文写在大地上。

中甸牦牛现有的养殖模式正是牧民千百年来传承下来的极具当地特色的养殖方式，也是雪域高原中甸牦牛品牌可以打造的一个亮点。李永忠团队赞同并支持这一模式的延续。他们在充分尊重迪庆州牧民历史、文化、习俗的基础上，运用科学的力量和用心用情的倾力投入，帮助当地牧民转变养殖观念，逐渐由粗放到精细、由传统到科学专业，进而付诸行动。无论是从放牧到补饲、繁育到防病、屠宰到运输，还是从草场恢复到圈舍建设、产品开发到市场开拓，只要每一个环节、每一项技术、每一个措施、每一项管理均注重细节、落实到位，就会取得好的结果，从而促进养殖户经济增收，促进迪庆州牦牛产业及畜牧业的发展，也为香格里拉旅游业的发展添亮加色。

虽然香格里拉市已于 2018 年实现了脱贫摘帽，但李永忠团队对迪庆中甸牦牛产业的帮扶会持续下去，并将：充分利用迪庆州"动植物王国"和"天然高山花园"的地理优势，结合云南省打造高原特色现代生态农业的契机，配合迪庆州政府充分挖掘当地生态资源，打造中甸牦牛、燕麦荞麦饲草等绿色生态农业；把牦牛养殖体系和美丽乡村游、高原牧场游相结合，做大做强迪庆州牦牛产业，积极推动迪庆州牧业发展和生态建设，带动和促进迪庆州牦牛产业链的发展；积极与迪庆州政府沟通，利用云南农业大学的专业优势，尽力协助政府为解决农户和合作社产品的销售和产品标准化问题，启动"精准扶贫·产销联盟"项目；运用"公司＋合作社＋基地＋农户"的模式，在规划的雪域高原生态肉类产业体系中，倾力相助；配合当地政府和企业帮扶当地牧民和合作社，打造从牧场到餐桌的产业链，让更多人了解到迪庆原生态食品，努力让迪庆州的原生态食品推向国内及国际市场；融合迪庆州特色产业、高中端产业，除了满足人们对生态健康农产品的需求外，与民族、文化、历史、旅游深度融合，打造极具藏族风情的生活空间及民族民俗文化体验馆，创造集"味蕾＋旅游＋民族文化＋民族风情"的特色商业空间。

附：访谈资料

（1）因为小时候的爱好，我从 13 岁就开始跟着家里的长辈（舅舅）养殖牦牛，后来去当兵，退伍回来后接着养，到我儿子这一代已经是第三代了。经过那么多年的养殖，我自己也摸索出了一套牦牛养殖的经验，开展了综合性、传统性和科学性的牦牛养殖。随着牛群的扩大，产生了一些效益，老百姓也跟着养牦牛。

与老百姓打交道相当困难，说服他们养殖新品种或用不同的方法养殖非常难，他们要见到实实际际的效益后才会跟着做，不会轻易接受新东西或尝试新方法，我这里就承担着更大的压力和风险。

我对新事物、新技术可以接受，但要试验，最终看实践，我要牛告诉我，这个东西、这个技术好不好，我要在牛身上看到效果才相信。我管理我的牛就相信"实践是检验真理的唯一标准"这句话。

（2）养殖牦牛耗时长，从出生到产生效益至少要 4 年，坚持下来非常不容易，毛泽东主席说"老三篇最容易读，真正做到就不容易了"。2013 年在给牛打疫苗的时候，我被一只犏牛给顶着，把右腿的膝盖骨顶成粉碎性骨折，当时小腿直接掀翻到上面，后来到昆明做了手术，慢慢才好了起来。

牦牛的地域性很强，我家牦牛养在海拔 3600 米以上的高山牧场，我自己更愿意和牛待在高山牧场。我在上面每顿饭可以吃两碗，下来在家里（海拔 3200 米）只能吃一碗饭，再往下，到虎跳峡（海拔 1800 米）就会醉氧，头晕、嗜睡，身体极不舒服。

国家政策好。我们每年都给牛买天灾保险，2020 年国家补贴，个人免交保险费。实际上牦牛的天灾死亡率很低，高山牧场很适合牦牛生长。我舅舅放了一辈子牛，2020 年 3 月份去世，活了 94 岁，我也喜欢和牛待在牧场上。

（3）李永忠教授非常心细，非常细致，对我的关心和帮助让我很感动。

他的到来以及其团队开展的工作对我们的帮助比较大，他会告诉我什么事情该怎么做，非常感谢。州校合作项目、三区项目对我们的帮助相当好，老百姓的观念有所改善，我们通过与云南农业大学教授的交流以及教授们的实地指导，掌握、补充了很多养殖牦牛的技术。希望下一步在奶酪的研制上给予我们帮助。

——罗体七林，香格里拉市斯恩养殖农民专业合作社带头人

我们家一家 7 口人：爷爷、奶奶、妈妈在家务农，爸爸在外打工做木活，我有时候外出打打工，有时候在家养养马，我媳妇今年年初才生了宝宝，现在在家照顾孩子。村子里通常有老人的家庭都会养殖牦牛。我们村养殖牦牛的人家会轮流派人外出集体放牧，早上放在山上的草甸，晚上赶回村子回家。"祖木"（牦牛牛犊的谐音）的价格较高一些。我们家去年卖了一头牛。今年我媳妇生娃，我们家专门宰了一头牦牛给

我媳妇吃，但她吃得太少，大多被我吃了。我看着瘦，其实牦牛肉都长到我的骨子里去了。

——鲁茸多杰，角茸村牦牛养殖户

我们科学院承担迪庆州口蹄疫、小反刍兽疫、禽流感等重大疫情的防控任务，春防、秋防严格实施。2020 年迪庆州重大动物疫病强制免疫春防疫苗中用于牛口蹄疫的疫苗达 21 万余份。疫情防控到位，可以避免牦牛因疫病给农户造成的巨大经济损失。

我们迪庆制约牦牛养殖的瓶颈主要是：（1）冬春饲草严重不足，牦牛补饲是一个大问题。农户散养对补饲饲料、草料的储备意识不强，当然这也有农户是否具备经济实力进行饲料储备的因素，从而任由牦牛在冬春季处于半饥饿状态；（2）对农户而言，牛乳是家庭重要的经济收入来源之一，挤牛奶卖会造成与牛犊争夺牛奶资源，这一矛盾较为突出。挤奶量大了，牛犊营养跟不上，抵抗力较差，疾病发生率就高，品种就会出现退化。

——王镇，迪庆州畜牧兽医科学院院长

第十章

迪庆乳业

2014 年到 2018 年期间，云南农业大学黄艾祥教授团队依托科技进藏和"三区"科技人才服务项目，针对迪庆州牦牛乳产业存在的问题，围绕牦牛乳、奶渣等迪庆资源优势，在香格里拉市康美乳业开发有限责任公司的配合下，研发推广了干酪素、牦牛酸奶等产品，取得了较好的科技、经济和社会效益。

香格里拉市康美乳业开发有限责任公司（图 10-1）于 2005 年 4 月在香格里拉市投资注册，注册资金 3000 万元，目前拥有工艺先进的干酪素生产线，并以生产厂、销售办事处为纽带，充分拓展国内外销售市场，努力打造香格里拉民族品牌。康美乳业作为云南省最大的牦牛乳品资源开发公司，自成立以来得到了各级党委政府的大力支持。在十几年的发展中，公司坚持"以市场为导向、以质量求进步、靠科技促发展、向管理要效益"的发展宗旨，其干酪素产品通过了 ISO9001：2008 质量管理体系认证、ISO22000：2005（HACCP）食品安全管理体系认证，并获得云南省食品药品监督管理局颁发的全国工业产品生产许可证。

图 10-1　康美乳业公司全景

一、科技定向服务乳业质量提升

（一）企业咨询与标准制定

2014 年 10—12 月，在云南农业大学食品学院实验室开展牦牛奶渣及其干酪素标准化生产技术研发，制定了《奶渣加工技术规程》和《干酪素加工技术规程》。

2015 年 4 月 23 日，黄艾祥教授前往香格里拉市康美乳业开发有限责任公司开展牦牛奶渣标准化加工技术培训推广工作。公司部门经理、技术骨干、品管人员以及奶渣生产示范户 20 余人参加了培训。培训内容主要包括：牦牛奶渣生产示范户建设；牦牛奶渣标准化生产技术和产品质量管理。

根据《云南省边远贫困地区、边疆民族地区和革命老区人才支持计划科技人员专项计划实施方案》相关规定，作为 2014—2015 年度云南农业大学"三区"人才，2015 年 7 月 30 日至 8 月 8 日，黄艾祥教授一行 3 人组成调研组再次来到香格里拉市康美乳业开发有限责任公司开展技术服务。7 月 30 日下午，在公司会议室召开了技术培训会。黄艾祥教授等人就"香格里拉牦牛干酪素产业化开发"项目进行阶段性总结研讨。黄艾祥教授结合当地牦牛养殖现状对康美乳业特色产业发展潜力进行了分析，对特色产品开发思路、未来发展目标等进行了指导，并提出了食品级牦牛奶渣干酪素应关注的牦牛奶渣原料卫生安全性、食品加工助剂、关键设备以及产品质量指标四方面的创新。在生产厂长、技术骨干的陪同下，黄艾祥教授等人调研了牦牛奶渣干酪素生产车间（图10-2），对车间改扩建、布局及加工设备的卫生、安全性问题提出了指导性意见。调研组还对拟建的牦牛液态乳及奶粉项目进行了研讨，其中牦牛奶原料问题特别值得关注。调研组又先后到香格里拉嘎咱乡牧场、依拉草原、三坝乡等牦牛基地进行实地考察。香格里拉及周边地区拥有一定的牦牛存栏，但由于品种、草料条件，特别是牦牛乳制品开发、市场开拓条件的短缺，目前牦牛奶产量不大。通过现代技术提高牦

图10-2　干酪素加工车间

牛乳制品附加值，促进牦牛奶市场发展，将会有力地提高牦牛存栏以及牦牛奶产量，保障项目原料供应。调研组还撰写了题为《开展三区科技服务，发展香格里拉牦牛产业》的简讯发表在云南农业信息网及云南省奶业协会网站。

2017年10月5—7日，黄艾祥教授会同敏志清董事长及其公司经理等4人，调研了牦牛奶渣干酪素生产情况。

2017年10月6日，黄艾祥教授会同敏志清董事长及其公司经理等4人，调研了香格里拉市康美乳业开发有限责任公司位于经开区的新工厂，并现场指导车间布局和讨论产品方案。

2015年公司在香格里拉工业园区箐口特色产业片区新征土地30.5亩，新建食品级干酪素生产厂，项目总投资5192.65万元，完成建筑工程32项，总建设规模6682.15平方米。项目建成运行后，正常生产年份收购加工牦牛奶渣原料4040吨，加工生产干酪素产品2000吨。项目建成运行后，将进一步提高项目地区牦牛奶渣资源利用率和产品质量，延长畜牧产品深加工产业链，促进香格里拉市及迪庆州畜牧业、生物加工制造产业健康持续稳定发展，繁荣民族经济、增强民族团结、促进民族进步发展。

黄艾祥教授与公司经理还就公司产品规划、科技项目的申报与实施进行了深入交流，为下一步发展提出了方向。

2018年2月23—26日，黄艾祥教授一行前往香格里拉康美乳业公司开展商讨牦牛奶渣食用性能、食品级牦牛奶渣干酪素等研发方案和员工培训（图10-3）。

图 10-3　与公司员工研讨产品加工技术

2018 年 3—4 月，云南农业大学研究生施娅楠、赵存朝和姬昱在黄艾祥教授指导下，开展牦牛奶渣食用性能研究、食品级牦牛干酪素研发。

（二）技术研发与产品生产

在科技助力乳产业的技术开发、产品生产中，让奶产品从牧场到餐桌的过程中会经过若干的程序：生鲜牦牛乳加热—过滤—净化—脱气—配料—均质—杀菌—发酵剂制备和添加—灌装—发酵—冷藏后熟—质检—成品。这之中的每一个步骤都不可少，最终才能让大家享用美味的牦牛酸奶。

（三）食品级干酪素生产指导

2018 年 8 月 26 日至 29 日，黄艾祥教授和研究生赵存朝、姬昱一行三人前往香格里拉市康美乳业有限责任公司开展"三区"科技服务工作，重点开展牦牛奶渣生产调研和食品级牦牛奶渣干酪素加工技术讨论。

2018年8月27日，团队在黄艾祥教授带领下首先参观了香格里拉康美乳业有限公司的干酪素新生产线。企业经理讲解了干酪素生产线设备和生产量。下午在康美乳业会议室进行牦牛酸奶加工技术交流及产品品鉴会。品鉴会上黄艾祥调研组带来了新的牦牛酸奶产品，提供给企业经理、生产员工以及销售人员进行品鉴。黄教授在品鉴会上讲解产品特色，为企业产品研发提供新的思路，并且与品尝人员交流产品口感和建议及产品成本等相关问题，深受企业好评。

2018年8月28日，黄艾祥调研组在当地牦牛奶合作社工作人员带领下，参观了牦牛奶的奶农农场（图10-4，图10-5）。调研组先了解当地牦牛奶奶农情况、牦牛种类、牦牛奶产量等；接着了解酥油和奶渣的生产情况，在奶农农场中对牦牛奶生产酥油和奶渣的产品进行品尝，还带给奶农酸奶并给他们讲解酸奶制作工艺；最后采集奶渣和酥油以及牦牛奶带回实验室进行新产品开发。

图10-4 调研牦牛奶渣、酥油生产户

图 10 - 5　团队深入农民家中指导生产食品级奶渣

（四）技术培训与能力提升

（1）2017 年 10 月 5—7 日、2018 年 2 月 23—26 日以及 2018 年 8 月 26—29 日，黄艾祥调研组先后 3 次深入企业培训企业员工，共计培训 40 人次（图 10 - 6）。

图 10 - 6　团队联合康美公司对农牧民进行培训

（2）云南农业大学食品学院 3 名研究生参与资料查阅、食品级牦牛奶渣干酪素研发及质量标准制定。

二、多方多赢成就迪庆乳业

（一）高校研究提升

（1）研究牦牛奶渣蛋白肽的功能活性，加工技术规范及产品质量标准，研究成果撰写成硕士论文一篇：林诗洋《牦牛奶渣抗氧化肽的分离鉴定及其活性研究》云南农业大学 2018 届硕士论文。

（2）发表论文 2 篇。分别是：魏光强、黄琳茹、林诗洋、黄艾祥《奶渣蛋白肽的分离纯化及其抗氧化活性研究》，发表于《中国乳品工业》2019 年第 10 期，第 4—8 页；张晶晶、陶亮、张亚丽、苏科巧、李红娟、黄艾祥《不同品种酥油理化特性及脂肪酸的研究》，发表于《中国乳品工业》2015 年第 4 期，第 13—15 页。

（3）研发食品级牦牛干酪素，加工技术规范及产品质量标准。

作业标准	香格里拉市康美乳业开发有限责任公司	
	版次：01	
	页码：第 106 页	
	文件编号：KM－JG－002	

（4）研发了牦牛奶渣加工技术规范及产品质量标准。

作业标准	香格里拉市康美乳业开发有限责任公司
	版次：01
	页码：第 107 页
	文件编号：KM－JG－001

（5）培训企业员工 40 人次。

（6）云南农业大学食品学院研究生 4 人参与社会实践，理论与实践相结合提高自己的专业能力。

（二）奶农收入增加

（1）科学技术在助力当地乳业的发展中，有效解决了奶农投入不断增加，但是价格上涨空间不大，获得利润微薄，奶源质量难以控制，饲料安全、农药残留等一系列食品安全问题，保障了"奶牛生产养殖"这个上游环节的安全，提高了奶产品质量。

（2）在建设产业园的过程中，乳业企业发挥龙头企业带动作用，通过合作发展等精确方式，组织农牧民加入产业链、自愿流转土地、转变生产生活方式，充分调动生产者的积极性，解除了他们的后顾之忧，促进了生产力的发展。此外，当地的乳业生产工厂吸收了大量的城乡就业人员，缓解了当地就业问题，减轻了社会的压力，这对带动当地民众稳步致富，打好脱贫攻坚这场硬仗，助推中华民族伟大复兴中国梦的实现起到了重要作用。

（3）政府相关部门、学校等科研机构以及乳品企业为奶农提供技术咨询和培训，提高了奶农科学养殖技术，保障了养殖技术的与时俱进。

（三）企业整体增效

1. 在规模化基础上，实行科学化、标准化饲养

依靠良种繁育体系，提高奶牛品质；采用先进的科学饲养管理技术，提高奶牛单产水平。加强科技创新，提升企业核心竞争力，依靠科技进步推进企业健康快速发展。增加企业的有效利用率，减少资源成本，减少闲置多余资源浪费。

2. 科技领先、创新注活力

香格里拉市康美乳业开发有限责任公司目前拥有工艺先进的牦牛奶渣及干酪素产品加工生产线，并在此基础上不断进行技术开发。如牦牛奶渣食用性能研究，牦牛奶渣提取"干酪素"，牦牛奶渣食品研发；牦牛酸奶研发等。同时加强牦牛奶渣原料卫生安全性、食品加工助剂、关键设备以及产品质量指标建立四方面的创新。

3. 全面丰富产品产业链

香格里拉市康美乳业开发有限责任公司一方面通过与其他公司合作，持续关注国内外食品行业最新信息，关注乳制品行业的新产品、新技术及新趋势；另一方面，与科研院校合作，加强基础科研领域相关人员培训，加大投入技术人员，对新技术、新工艺进行持续研究，并申请相关发明专利，为新产品开发做技术与工艺储备。基于以上两点，香格里拉市康美乳业开发有限责任公司时刻把握最新趋势，开发满足市场需求的产品，尤其是一些自主开发的干奶酪及相关衍生产品，形成科技优势，增强市场竞争力。

实际上，乳业产业链很长，关联着三个产业：农业、工业、服务业。农业提供着饲料和奶牛；工业提供着乳品制造；服务业提供着物流和销售渠道。企业形成了完整的产业链，全方位保障了乳品质量。

4. 企业品牌效应

公司作为云南省最大的牦牛乳品资源开发公司，在十几年的发展中，在各级党委政府的大力支持下不断研发新技术，开发新产品，成效有目共睹。公司因此获得省级重点龙头企业、云南省成长型中小企业、云南省科技型中小企业、云南省农产品深加工科技型企业、高新技术企业、迪庆州年度科技工作"先进集体"称号等荣誉，增加了自身影响力，形成了品牌效应。

（四）政府积极推动

1. 效益反馈

2015 年，香格里拉市康美乳业年产 2000 吨食品级干酪素加工扩建项目投产后，带动和培育了草地牧业区 16160 户畜牧业基地建设，将原日产 1—2 吨干酪素加工生产线新建改造为日产 3—4 吨干酪素加工生产线；通过扩建，正常生产年份年收购加工牦牛奶渣原料 4040 吨，年生产干酪素 2000 吨，按目前市场平均售价，年新增总产值 600 万元，年新增增加值 464 万元，年新增利税总额 202 万元，其中净利润 132 万元；固定资产形成总额 578 万元；新增与企业有稳定购销关系农户 4500户，受益农民年收入增加总额 7000 万元；年解决就业人数 60 人，其中农村就业人数 50 人。2018 年康美乳业缴纳增值税 203 万元，缴纳城建税及附加税 24 万元，享受加计递减政策后享受减免的金额为 167 万元；2019 年 1—8 月缴纳增值税 13 万元，缴纳城建税及附加税 2 万元，享受加计递减政策后享受减免金额为 84 万元。

2. 政策反馈

税务部门的宣传辅导很到位。减税降费政策实施以来，为了让企业能够清楚了解减税降费政策，税务部门多次到企业进户宣传，发放减税降费宣传手册。赋税减轻后，使得企业更好发展，为社会提供了更多就业岗位。在减税降费的影响下，公司节约了200多万元的税款，大大减轻公司负担，让公司可以轻装上阵。香格里拉市每户企业都有税务局专管员进行管理。专管员定期下户辅导时，很欣慰能够看到税企携手助力迪庆发展的画面。相关部门表示：康美乳业作为本地牦牛乳资源开发特色行业，在开发牦牛乳制品发展的同时，能增加本地牧民的收入，有力推动地方经济社会的发展。财政税务要扶持好这类企业，做好辅导工作，让企业发展没有后顾之忧。

三、研究迪庆乳业转型升级

（一）产业发展遇到的挑战

公司在取得一系列成效的同时，在生产过程中，开发新产品时也遇到了各种各样的困难。

1. 生产力水平低

奶牛养殖实行分散饲养，统一挤奶，统一出售，奶户拥有奶牛的所有权。奶牛的理想饲料为优质牧草和饲料作物，现阶段奶牛的饲料一般是依靠粮食、作物副产品、天然牧草和秸秆。奶牛养殖小区大多数奶户没有经过专业培训，奶户没有精准掌握饲料的搭配，没有喂养统一的饲料，加上经济实力有限决定了对原料奶的投入较低，大多数奶户为了追求低的成本喂养的饲料就是地里多余的蔬菜。没有进行科学搭配，多数处于低水平、粗放饲养管理水平，饲料的数量和质量都无法满足奶牛的需求，进而影响奶牛产奶的产量和质量。经调研得知，养殖区一头奶牛一年产量大约为3吨，只达到规模化牧场产量的1/3，生产力水平相对落后。

2. 鲜奶质量存在隐患

分散饲养加大了管理难度。奶牛品种、奶牛自身的健康状况、饲养环境的卫生条件、饲料的安全性、牛奶中营养成分的含量，每个环节、每个因素都会影响原料奶的质量。这些因素养殖小区都无法进行统一，但小区要统一挤奶、统一收奶，因此可能会因为某一个或几个奶户鲜奶质量不合格导致整个小区鲜奶无人收购的情况。奶牛养殖小区设备齐全，从收奶、冷藏到运输都有全套设备，但存在管理不规范问题，例如未能及时清理等，对原料奶的质量有一定程度的影响。近年来多家乳品企业要打造高端奶，对原料奶的质量要求十分严格。因此企业对原料奶的质量检测非常严格，不合格直接拒收。如何保障原料奶的质量是很迫切的问题。

3. 奶价低迷，劳动力效率不高

受牦牛品种退化、饲料供给困难以及交通物流影响，原料奶成本较高，奶价持续低迷，奶农积极性有所下降。另外，对牦牛生鲜奶的研究有所滞后，云南省尚无统一的原料奶和产品质量安全标准，质量检测指标由乳品企业规定，奶户处于弱势地位，其利益很难得到保障。目前企业收购的牦牛奶奶价大约为10元/千克，与水牛奶奶价基本持平，虽远高于大约4元/千克的黑白花牛奶奶价，但牦牛产奶量低、饲养成本高，除去成本，奶户大约每天收益50元。随着经济的快速发展，这样的收益已经不能满足奶户需求，许多奶户纷纷出去打工，打工平均每天可获得200元工资，远比养殖奶牛效益好，一定程度影响了牦牛产业发展，应引起行业高度重视。

4. 技术难关

一方面农民知识文化水平有限，导致接受培训时吸收知识有限，影响培训效果；另一方面科学技术的日益发展与市场需求的多样性要求企业技术不断更替、不断开发满足市场需求的多样化产品。此外地理位置的特殊性也加大了技术开发、技术创新的难度。

（二）迪庆乳业转型升级的对策措施

1. 政府扶持

政府要大力宣传和推动奶牛养殖企业转型升级，建立乳品企业与养殖企业之间的合作关系，协商原料乳收购价格，保障奶牛养殖者的利益。奶牛养殖企业转型升级需要政府的大力支持，政府需根据当地的具体情况结合相关政策，咨询相关专家，制定出奶牛养殖企业转型升级的具体实施方案。政府要认真实施奶牛养殖小区建设计划与发展规划，加大对硬件设施建设的投入力度，针对企业存在的具体问题进行对应的补贴和扶持工作，确保补贴资金按时到位，政策规范落到实处，让有需要的养殖主体得到优惠政策的支持。

2. 企业带动

乳品企业需要大量高质量的原料乳，自己投资建设牧场需要花费大量资金，因此对于乳品企业来说最好的出路是带动养殖企业转型升级，给予养殖企业资金、设备及技术上的支持。首先，可以通过提高收奶价格，引导企业进行转型。其次，可以为企业提供营养繁育、疫病防治、配种等技术层面的支持。再次，最重要的是资金支持。养殖企业与乳品企业确立合作关系，乳品企业可以帮助养殖户做担保贷款；小区为保证牛奶质量，从国外引进高质量奶牛，乳品企业可以按头数进行补贴；养殖企业基础设施建立，包括牛舍、饲草搅拌机、挤奶机等，乳品企业都可以给予一定比例的补贴。这样不仅乳品企业拥有稳定优质的奶源，养殖企业也有利益保障，可保证乳业健康持续发展。

3. 自身监管

按期举行技术培训，在饲料、防疫、配种等方面进行技术指导；加强技术人员管理，做好技术指导工作，发挥各项服务作用。提高原料乳质量，不能为了提高奶牛的产量而降低生鲜奶的质量。严格监控生鲜奶质量，与企业一同制定质量检测标准，按期对生鲜奶进行检测，不仅可以提供合格的生鲜奶，而且可以维护自身的利益，实现公平交易。

4. 创新措施

企业保持旺盛生命力的关键在于不断创新，推出新产品，开发新产品。企业要广泛采用先进设备和技术，积极研发生产新产品，重视奶制品的系类开发和不断增加、延长乳业产业链条，提高奶制品科技含量和增值能力，做到"研究一代、生产一代、构思一代"，制定一套"人无我有、人有我精、人精我专"和以"新、优、快"取胜的新产品开发策略，形成从设计、试制、宣传、试销到批量生产、售后服务的新产品开发体系。香格里拉市康美乳业开发有限责任公司的技术创新包括：（1）牦牛奶渣具有一定的功能活性物质，值得进一步开发；（2）研发了食品级牦牛干酪素；（3）研发了牦牛酸奶等。服务方式创新具体可以采用"会议＋车间＋实验室"相结合的服务方式，提高服务效果；依托高校和公司的人才优势，理论与实践相结合，加快成果转化。

香格里拉市康美乳业开发有限责任公司经过数十年的发展，在乳业中取得了一系列成效，形成了一条技术领先、营养全面的干奶酪乳品产业链，形成了自身的发展模式，真正实现了从牧场到餐桌的理想。机遇与挑战并存，香格里拉市康美乳业开发有限责任公司在以后的发展过程中，必须要做到兼顾奶农、奶站、技术研发和售后等环节，制定更加行之有效的管理办法，加强管理，抓住机遇、迎接挑战，克服发展过程中的各种困难，只有这样才能实现企业做大做强。

附：访谈资料

姨妈格桑卓玛与姨父七批在纳帕海草场上放牧。他们搭建了一个木头房，大概 10 平方米左右。他们每年 7 月都会在草场上住上一段时间，到 10 月左右，再把牛赶回家圈养。这边的冬季比较漫长，通常 10 月以后气候开始变冷，一直要到第二年的 4、5 月份，春季才会来临。他们家有七八头牦牛，差不多有 4 头是母的。母牦牛要生了小牛犊之后才能产奶，之后可以产好几年的奶。在草场放牧的季节，格桑姨妈家每天挤 2 次牛奶，大概有 2 桶左右。1 桶多一点的牦牛奶可以制作一饼酥油，一饼酥油可以产生大概 2 饼奶渣。1 饼酥油大概有 1 公斤左右，大概合人民币 150 元左右；奶渣要便宜一点，1 饼奶渣 1 公斤（千克）左右，大概可以卖 20 多元。因此，酥油是他们的主要经济来源之一。

——多吉，男，21 岁，藏族，香格里拉建唐镇角荣村

小时候全家人生活在一起，大家都从事农牧业，各有各的事情。我们还常到高山牧场去玩，奶奶常给我们做酥油加奶渣。我们叫酥油作"men"（音：门），奶渣作"ti"（音：提）。

地方企业的出现给我们这一带的村民带来了就业机会。我和表弟就到离家 10 多公里的康美乳业上班。这是一家民营企业，专门收集奶渣，提取干酪素。干酪素可用于工业和食品加工业，目前主要用于工业，制造皮革、纸张等。此外，这家企业还建设了酸奶生产车间，准备生产牦牛酸奶。康美乳业还准备生产牦牛奶粉。康美乳业采用了云南农业大学的干酪素提取工艺，专门收集奶渣。原来在农牧民眼中不值钱的奶渣现

在每年可卖 2000 元左右。企业目前有员工 30 多人，有 20 多人是附近牧民，属于临时工和季节性用工，但最少得签订一年的就业合同。每人每月可有 3000 多元的收入。这些临时工有很多都连续工作了 4—5 年，属于比较稳定的劳动力来源。我和表弟就上到初中，但我们还很年轻啊，准备当长期工。康美乳业为当地解决了部分劳动就业，又实现了村民创收，因此受到了政府的重视。

——扎拉，男，23 岁，藏族，香格里拉建唐镇角荣村

第十一章

妇女手工编纺织

自 2015 年新一轮精准扶贫战略实施后，生态移民搬迁作为改善生态环境、消除区域性贫困的一项政策被广泛实施。根据《迪庆州脱贫攻坚三年行动计划（2016—2018）》，迪庆州需要生态移民搬迁 10344 户 42563 人，政策规定为搬迁户建房（每户政府投资 8 万元，个人自愿贷款 6 万元），仅此一项资金投入就达人民币 16 亿元。在迪庆州，2017 年就完成易地扶贫搬迁安置点建设 69 个。①

一、妇女能力建设与传统技艺传承

大规模生态移民搬迁工程的推进对当地少数民族的经济和文化产生了较大影响。从原来的生态脆弱和交通不便等贫困程度较深的山区搬迁到地理交通位置相对便捷、公共基础设施明显改善的城镇，生态移民搬迁对移民搬迁户家庭和个人的影响是多方面的。移民搬迁户的生活条件得到了很大的改善，但对每一个移民搬迁的农民而言，同时也面临以下几方面挑战：一是角色转化和定位。生态移民方案实施过程中，迪庆州

---

① 迪庆藏族自治州人民政府网．迪庆州六措施稳步推进脱贫攻坚工作［R/OL］．ht-tp：//www.diqing.gov.cn/zwgk/fztj/4219549853712268416，2016.

农民在生产、生活、心理方面发生了哪些变化？在对新环境和新的生产生活方式的适应能力上，藏民家庭面临怎样的挑战和问题？二是生产劳动方式的调整问题。搬迁前后，农民的生产环境发生了变化，从高海拔山区的区域转变成金沙江流域的干热河谷地带，种养殖的对象和技术发生了相应的变化，劳作的组织方式和时间也需要随之调整。三是搬迁后的生计问题。生态移民搬迁面临着藏族农牧民的后续产业难以建立、移民难以在短期内适应和融入迁入地城镇生活等问题的挑战。

首先，精准扶贫下如何保障迪庆州藏族妇女的主体地位是一个需要重视的问题。在迪庆，女性承担着繁重的家务和生产劳动，其日常时间的支配，包括用于劳作的时间、用于家务的时间、用于子女教育的时间、个人可支配时间等。藏族女性在生产劳动以外还承担着照顾家庭、参加社会宗教活动等众多事务。由于外出学习的机会和自我学习的时间少，她们在自我提升能力上比男性难度更大。此外，搬到城镇后，她们从事的家务劳动和生产劳动与在农村时有哪些不同？她们面临哪些困难？她们的特殊权益如何保障？女性农民在传承民族文化方面发挥了哪些作用？贫困影响着女性家庭的富裕，也影响着全民、全社会的共同富裕。在生态移民扶贫机制和措施中，增强社会性别敏感度，关注贫困女性的需求，有助于保证扶贫措施的有效性、公平性和持续性。

其次，迪庆州的手工纺织技术也存在自身发展动力不足的问题。一是技艺传承问题。迪庆州的传统手工纺织工艺是一种普遍存在的以家庭为生产单位的传统工艺。在早期，一个藏族村落基本上家家都有女性掌握纺织藏毯、服饰、宗教用品和农作辅助工具等手织工艺。以藏族女性为代表的传统手织艺人是迪庆藏族传统手织工艺的创造者和传承者，以家人或亲属、熟人之间采取非正式的传授学习方式，所生产的织品无论是成品或是后期加工使用的半成品，都是一种自给自足、自产自销的模式。尽管迪庆藏族农村经济和生产力发展水平不断提升，但是随着工业化、商业化的市场经济发展后，许多原本需要自己生产的日用品都可以通过市场采购得到，传统手工纺织用品的需求量减少，藏族纺织手工艺的传承面临着严峻挑战。另外，农民的生产生活方式由移民前单一的"半农半牧"式结构转变为移民后"半农半牧半工"式并存的结构；在社会分工方面，移民后藏族妇女在家庭生活和社会生产中的地位和参与度发生了变化。随着社区基础设施及交通条件的不断完善，农民外出务工现象不断增加，农民就业形式的多样化，促使了社会分工的多样化。年轻一代自愿学习传统手工纺织技术的女性骤减，加之外出务工、读书就业等，难有时间保证。二是原料短缺问题。以羊毛为主要纺织原料的迪庆藏族传统手工纺织工艺，面临着传统纺织原料供应短缺的问题。迪庆藏族农村地区的养羊和养牛量都在逐渐减少，现在只有极少数有养殖牛、羊的农户家里因家庭需求且具备相应的捻线技术可以自给自足，绝大多数的纺织原料都是以市场购买工业生产的腈纶毛线为主，或购买加凑上自产的羊毛线来进行纺织。三是技术问题。尽管当前仍然有个别藏族家庭妇女在从事纺织工作，但由于传统手工纺织工艺技术缺乏创新、生产周期较长、款式样式相对单一，以这种方式生产出的纺织品主要作为家用或馈赠亲朋好友的礼物，如要作为解决生计增加创收的手工艺产业，还迫切需要技术上的支持：比如迎合市场需求的一些设计或改良、现代化机器、工具的辅助等。

二、行动研究促进妇女编纺织技术创新

杜发春教授团队自 2014 年 4 月第一次到迪庆州德钦县羊拉乡进行

调查研究，此后就把羊拉乡作为开展科技扶贫工作和研究的重点，并且一直扎根迪庆、反复往返德钦羊拉等乡镇，深入条件最艰苦的地区开展工作。2014—2020 年，他主持的 8 个课题把项目主要活动都放在了羊拉乡，经费总额 270 万元。其项目团队成员包括云南农业大学新农村发展研究院和经济管理学院、人文学院、校工会、体育学院等教师 18 人，以及参与各类项目研究的博士研究生 2 人、硕士研究生 10 人。其中，依托国际合作项目、云南省科技厅"三区"人才支持计划科技人员专项计划、联合国妇女署中国性别倡导基金"生态移民社区藏族妇女减贫研究"等研究项目，团队 10 余次赴迪庆州德钦县羊拉乡和奔子栏镇、香格里拉市洛吉乡尼汝村开展藏族妇女手工编纺织技术培训。

为使项目活动在生态移民社区藏族妇女减贫脱贫的帮扶上精准有效，项目团队采取深度调研的方式，通过田野观察、随机问卷调查、小组访谈、个别深度访谈，包括藏族妇女、妇联主任、家庭成员等进行全面的信息收集和需求分析。结合项目设计，采取"把技师专家请进去，把优秀学员带出来"的培训方式，针对固定学员连续开展了近三年的培训和跟踪回访。

（一）项目实施点的基本情况

1. 达日村生态移民社区基本情况

藏族妇女编纺织技术培训的主要对象是德钦县奔子栏镇达日村生态移民社区的妇女。德钦县奔子栏镇达日生态移民社区，即达日综合开发项目是德钦县探索实施"人下山、树上山"生态移民战略的创新扶贫开发模式，是推进集中连片扶贫开发的重要民心工程。按照"山地城镇"的理念实行集中连片开发，该项目自 2011 年启动实施，2012 年 11 月基本完成。该项目主要是将德钦县海拔在 3000 米以上的羊拉乡和奔子栏镇部分村民小组搬迁到奔子栏镇达日村金沙江沿线。达日生态移民社区包括习龙通和色贡通两个移民新区，搬迁规模 157 户，其中包含羊拉乡 76 户、奔子栏镇 77 户，涉及 2 个乡镇 4 个村委会 12 个村民小组，见表 11－1。

表 11－1　德钦县达日生态移民社区基本情况

移民原居住地基本情况					移民搬迁前后情况	移民现居住地基本情况						
乡(镇)	村	组	户数(户)	海拔(米)		乡(镇)	村	组	户数(户)	人口(人)	征地面积(亩)	海拔(米)
羊拉	羊拉	玖顶	9	3800	移民搬迁前后情况	奔子栏	达日	色贡通	94	545	1820	2000左右
羊拉	羊拉	拉青卡	15	3800								
羊拉	归吾	则木	14	3600								
羊拉	归吾	罗多	17	3700								
羊拉	归吾	顶主	11	3500								
羊拉	归吾	中农	10	3800								
奔子栏	叶日	尼举顶	17	3300				习龙通	63	353	1373	
奔子栏	叶日	尼龙保	4	3200								
奔子栏	叶日	角拉	4	3100								
奔子栏	达日	尼吾	19	3100								
奔子栏	达日	白书	15	3000								
奔子栏	达日	青龙	18	3100								

2. 香格里拉市洛吉乡尼汝村基本情况

香格里拉市洛吉乡尼汝村位于距市区 53 公里的东部，占地面积 446 平方千米，辖普拉、尼中、白中 3 个村民小组 124 户 639 人。辖区平均海拔在 2700 米以上，属于高寒山区，森林覆盖率达 75% 以上，植被保存完好，生态系统完整，被联合国考察"三江并流"地区申请世界自然遗产的专家称为"世界生态第一村"。尼汝村是一个半农半牧，并以牧业为主的纯藏族村落,有以纳波、属都、说公三大牧场为主的40多个牧场,牧养着牦牛(户均50头,最多可达250头左右)、犏牛、黄牛、绵羊等,畜牧业发达,为尼汝村的纺织生产提供了丰富的纺织原料。因此尼汝村的传统手织工艺原料是以牦牛毛和绵羊毛为主的动物纤维,另外也会购进一些彩色的毛线或者丝线作为原料。

尼汝村的纺织非常具有特色。使用工具为原始腰织机,通过纺线工具(捻线、打线),织布工具(棕杆、分经线、打纬刀、梭子、腰带)进行纺织,纺织成品可以通过剪裁制成男式藏袍"楚巴"、女式围裙"堆果"、藏靴"巧浪"、毛毯"宗贴"、布包"查吉",此外还有毛披肩、毛衣、毛毯子、毛帐篷、毛绳、马鞍、坐垫等。民族传统服饰主要在结婚、丧葬,祭山跑马节、丹巴节等民族特色节日中穿戴。目前,尼汝手工纺织的传承有两种方式:一种是通过两位非遗传承人——李向春、李琴;另一种是家族传承。村公所还设有非遗文化传习馆,其中有关于纺织的介绍。

(二)项目实施

第一阶段分两个部分:第一轮团队成员进行田野观察、了解藏族妇女编纺织技术发展情况;第二轮再到生态移民社区进行问卷调查和小组访谈,对培训需求进行摸底。

第一轮为2017年10月进入德钦县羊拉乡、奔子栏镇、云岭乡开展调研和田野观察,与当地政府、农户、妇女进行深度访谈和焦点小组访谈。图11-1为项目团队和参加培训的达日村生态移民社区妇女进行小组访谈。

图 11-1 项目团队进行妇女焦点小组访谈

经过深入的调查走访，项目组找到了一位当地长大的女性村民（图 11-2 左一）。她和自己的家人、兄长居住在奔子栏镇达日村，在农活之余喜欢给家人和亲戚做一些传统手工织品当礼物，她和家人婚宴时穿的传统衣服和自家用的毛毯都是她在家利用农闲时间完成的。得知来意，她和哥哥很高兴地为项目组展示了有关传统手工藏式纺织的工具和织品。她哥哥在路边经营了一家摩托车修理厂，为支持妹妹的纺织工作，特地为她焊接了一台铁制纺织机架。这台机架对传统木质结构进行了改良，从而更加稳定和牢固。据她哥哥介绍，村子里有需要的邻居经常来借用，使用效率很高。

图 11-2 项目组调研传统藏毯纺织技术

第二轮为 2018 年 1 月 13 日至 1 月 22 日实施问卷调查和访谈，调研组人员包括联合国妇女署中国办事处项目官员吴心坤女士和项目团队一行 7 人。本次调研得到了迪庆州妇联主席孙红梅女士的支持。在孙红梅主席和德钦县妇联主席红梅女士的协调下，项目团队赴云岭乡果念村、奔子栏镇达日村和羊拉乡等多个生态移民社区进行了实地调查、入户问卷调查、访谈，并与各级妇联和村委会等部门进行了座谈交流。在 2017 年 10 月的预调研准备中，调研组曾与奔子栏达日村从羊拉乡搬迁来的叶日小组的 17 户家庭妇女进行有关手工藏毯制作方面的非正式访谈，了解到大家对手工艺技能培训十分期待。2018 年 1 月调研组重点对奔子栏镇生态移民开发区色贡通小组 5 户家庭妇女代表和村妇联负责人进行了集体小组访谈。代表们涵盖了各个移民小组、不同年龄层次和家庭成分的妇女，大家讨论十分积极和活跃，分别从各自的角度对传统手工藏毯纺织提出了很多见解以及对拟开展手工技能培训的建议。在实

175

地走访并结合小组访谈和问卷调查初步结论的基础上，调研组还向奔子栏镇组织委员、妇联主席布称女士请教了有关组织培训和妇女活动方面的经验和建议，并对活动如何能提高迪庆妇女的能力建设及迪庆传统文化和手工艺传承的可持续发展问题进行了深入的交流。

此次调查除了到农户家进行面对面访谈外，还与县妇联和奔子栏妇联主任进行了交流，在与奔子栏妇联布称主席的座谈交流中取得了较好的推进意向，培训工作将得到妇联的大力支持。

第一阶段调查发现，在德钦县急需进行手工藏毯技能培训，表现在当地妇女自身的需求、政府管理需求和本项目实施目标的需求三个方面。

从移民区妇女自身需求来看，一是可以满足自己的学习兴趣和增加自己的技能。调研组在访谈时了解到藏族一直都有手工制作藏毯的传统习俗，并且制作出来的产品多是自用、赠送亲友，所以大部分搬迁到移民区的妇女都会藏毯手工纺织技术。然而，由于学习的途径主要是通过向亲朋好友请教或母亲、奶奶等亲人的言传身教，随着经济的快速发展，在服装、日用品的消费上成本、价格、设计等方面占优势的现代工业产品逐渐替代了农民一直沿用的手工藏毯，现在自己动手制作藏毯的人已为数不多。此外，在移民中年轻一代学习和掌握藏毯纺织技术的人非常少，但在访谈中她们都有很强的学习意愿。二是可以增加额外的收入。大家都认可传统手工产品的价值，也碰到一些游客和朋友托人寻访购买藏毯成品。虽然传统工序比较复杂，但她们在家务和农忙后也可以把空闲时间利用起来，所以她们很愿意生产制作这类产品。三是传统文化回归和满足自己的消费需求。在经过一段时间对现代工业产品的磨合适应后，很多农民又开始回归使用本民族的传统生态产品。她们认为如果能解决生产技术和原料供给的问题，自己本民族也有很多消费需求。

所以总体上，妇女们对开展手工技艺培训具有较强的愿望，同时她们还从自己纺织的经历和经验中提出了几条很好的建议：（1）除了学习传统工艺外，也希望学习现代的一些纺织新技术、缝纫技术以及各类满足市场销路所需商品的加工技术。（2）对目前使用的传统工具进行一些简单的改良或在某个环节采用新的工具，以加快生产和改进质量，如哔（捻线）的环节非常繁杂和辛苦，希望有机器可以替代人工。（3）针对培训的具体方面，希望培训时间错开农忙时节，培训期间需要有翻译解说。

从政府管理部门的角度来看：第一，由学校和机构为主导的培训模式较为有效。学校或机构以专业培训为主，政府提供服务支持，这样可以发挥各自特长，村民们也很乐于接受。第二，培训承载了传承本民族传统技艺和发扬本民族文化的功能。随着现代社会的快速发展，传统文化和技艺逐渐受到工业商品和外来文化的影响，大部分原有的生活用品都直接从市场上购买，因而传统的、手工的产品渐渐退出。但实际上，在国外手工艺品作为一种旅游商品和文化商品其市场价值非常高，手工艺人也得到认可和尊重。第三，通过培训可以丰富移民区的社区文化。从居住地迁往移民村以后，周围的环境和人际关系发生了一些变化，原来的一些生产、生活习惯受到影响，例如因为移民区多在道路旁边，与外界接触的机会增加，现在移民区晚上打牌、打麻将的活动开始多起来，因此，组织手工纺织在丰富妇女们社区生活的同时，可以逐渐改变一些不良的社会风气。第四，培训可以提升妇女群体的文化素养。妇女们一方面可以通过培训掌握理论知识和职业技能，另一方面通过学习交流开阔眼界提升艺术品位和创作潜力，其手工艺品的文化艺术价值也能得到大的提升，从而更加具有市场竞争力。另外，奔子栏镇妇联的布称主席还提了几个建议：一是在培训前编写一本培训教材；二是希望培训的影响面能扩大，能让更多人参加学习。

从项目的目标来看，项目组旨在通过培训教育为迪庆妇女提供非正式教育学习的机会，帮助她们提高在社区活动中的参与能力和自我发展能力；借助手工艺技术培训增加妇女之间的合作交流和经验分享；通过新技术的启发，促进妇女的生产性知识和创新能力的提升，通过组织妇女参与生产合作，培育和发展具有个人创意、集体创意和文化价值的特色手工业，发挥妇女在家庭以外的积极作用，帮助生态移民区和贫困地区的农户创收和脱贫。

此次调研，项目团队实地走访和调查了迪庆州德钦县奔子栏镇、云岭乡、羊拉乡等区域手工藏毯传统技术及其发展现状；顺利完成了奔子栏镇达日村、羊拉乡甲功村、羊拉村和规吾村、云岭乡果念村的涉及移民搬迁户和移民原居住地所在村住户共 102 份关于生态移民社区减贫的入户问卷调查和访谈；组织了奔子栏镇达日村移民开发区妇女的集体小组访谈；与各级妇联和调研点村委会的领导进行了多次座谈交流。通过调研，项目组不仅深入地认识了移民社区藏族妇女的生活现状和风俗习惯、当地的扶贫减贫措施及成效，更听到了藏族妇女自己的声音，了解到她们对当前社会经济发展的客观认识和自身发展的主观需求。另外，在与被访妇女们的多次交流和相处后，项目团队得到了她们的信任并建立了友好的关系，培训计划也得到她们的积极响应。此外，项目团队在与妇联和村委会的充分交流中了解到，该培训内容符合当地的经济发展需要，有利于各地妇联活动的多样化和乡镇产业扶贫的推进，传统手工艺培训计划正好切合德钦县政府提出的"五厂一司"产业发展规划，有助于为生产技术改进和人力资源培训提供支持。因此，项目前期的设计符合当地的实际需求，并具有充分的可行性。最后，项目的实施将结合联合国倡导的社会性别主流化概念，努力让迪庆男女双方的经验、知识和利益应用于社区发展议程。通过调研交流，社会性别主流化概念得到了妇联的理解和支持。同时，为发挥本地传承和外来技术的借鉴效果，这次与妇联座谈商议培训内容为：一部分是传统的纺织工艺，由本村成员推荐带头人作为传统技艺培训老师；一部分是由项目组邀请专家到培训点开展现代纺织技艺、设计、加工和营销方面的知识讲授。

第二阶段：2018 年 7 月 24—27 日，举办培训班。联合国妇女署资助项目德钦县生态移民社区妇女手工编纺织技能培训在云南香格里拉德钦县奔子栏镇达日村生态移民开发区色贡通小组开展。现场来自奔子栏镇达日村沙色通小组、达日小组、习龙通小组和色贡通小组的 74 名学员参与培训。培训主要针对德钦县生态移民地区藏族妇女对藏毯纺织和现代手工编纺织技术的学习需求，并结合德钦县政府、乡镇产业扶贫规划发展的需要，通过专家讲座授课、现场示范、实践指导、经验交流及成果展示的方式进行。通过为期两天的培训，参训人员了解和掌握了一定的现代手工编织和传统藏毯纺织的知识技能及经营管理理念。同时，提高了其在社区活动中的参与能力和自我发展能力，增加了妇女之间的合作交流和经验分享，并通过新技术的启发，促进了妇女生产性知识和创新能力的提升，带动生态移民区和贫困地区的农户创收和脱贫。现场来自香格里拉市格玛拉传统手工艺地毯发展中心的总经理扎西七丹，甘肃省甘南藏族、格玛拉传统手工艺地毯发展中心的手工纺织技师扎西才让，德钦县本地藏族传统手工纺织技师卓玛、取追分别从民族工艺设计、传统纺织技术与现代手工纺织技艺、市场营销等方面开展了理论和实践培训。联合国妇女署中国办公室高级项目官员马雷军表示，一直以来，联合国始终重视少数民族地区的发展，尤其是妇女的发展，希望通过此次培训，大家可以在提高能力的同时增加经济收入。德钦县妇女联合会主席孙红梅则表示，本次培训既能增加家庭经济收入，又能很好地传承民族优秀传统文化，既能满足妇女照顾儿童和老人、增加家庭收入的需求，又可以从根本上缓解农村留守问题、无业妇女就业难的矛盾，同时还可以促进家庭和谐、社会稳定。云南农业大学新农村发展研究院副院长杜发春认为，本次培训的实施是对传统产业的传承和创新，通过专家讲解、现场授课以及交流的形式使得传统手艺得以创新。同时，希望通过培训提高年轻妇女传承传统文化的能力，打造属于自己的品牌，增加家庭收入。本次培训活动由联合国妇女署中国办公室、迪庆州妇女联合会、云南农业大学新农村发展研究院主办。图 11－3 为培训活动现场，学员在技师指导下学习藏毯纺织技术；图 11－4 是获得培训证书的妇女合影。

图 11－3　开展传统手工编纺织技能培训活动现场

图 11－4　颁发妇女手工编纺织技能培训合格证书

　　第三阶段，2019 年 3 月 25 日—27 日，由联合国妇女署资助、云南农业大学新农村发展研究院主办的民族手工艺交流培训在迪庆州德钦县奔子栏镇达日生态移民村色贡通小组举行。本次活动特别邀请到青海格尔木市唐古拉山岗巴布民族手工艺合作社理事长三木吉女士，以及香格里拉市洛吉乡尼汝村腰织技师知史主玛、赵云海，迪庆州非物质文化遗产传承人李向春一行三人，南京农业大学博士研究生韩晓芬，江西省上犹县教育局联合国资助项目组朱敏、田小英、刘春雨和吴晓萍等。在 3 月 26 日的开班仪式上，项目组负责人介绍了项目进展情况以及培训流程；受邀专家三木吉女士介绍了手工纺织以及合作社建立、经营情况；江西省上犹县教育局副局长朱敏介绍了江西项目通过鼓励妇女发展产业的实践案例。当地村民与特邀专家进行了交流。图 11－5 为参加民族手工艺交流培训的代表合影。

图11-5 举办达日村民族手工艺交流培训

本次培训主要由尼汝村两位民间技师知史主玛、李向春给当地村民演示、培训腰织技术，由赵云海演示缝纫技术。腰织技术与达日生态移民村传统手工纺织的不同在于不再使用脚踏板半机械化的编制模式，而是通过打线、棕杆提升、分经线分经纬、打纬刀紧压、手动挑花的方式进行纺织，通过腰带限制宽度，最后把织成的条状带子经过剪裁缝制成所需物品。参加培训的妇女们学习热情高涨，主动性很强。通过两天的学习，在技师的指导下，当地妇女大多数已经会绕线和纺织，部分村民学会了织腰带，部分妇女自己动手制作腰织工具。图11-6为达日村妇女学习实践腰织技术。

图 11 - 6 妇女在技师指导下学习实践腰织技术

第四阶段：2019 年 3 月 29 日，联合国妇女署资助云南项目在云南农业大学新农村发展研究院召开"传统手工编纺织扶贫学术研讨会"。新农村发展研究院副院长杜发春老师主持研讨会。来自江西省上犹县教育局、青海格尔木市、南京农业大学和云南农业大学等单位的学者 18 人参会。江西省上犹县教育局副局长朱敏致辞，交流了上犹县在教育扶贫、就业技能培训、结对帮扶贫困户等方面的主要做法。江西省上犹县教育局田小英老师介绍了联合国妇女署资助江西项目的实施情况，该项目通过在上犹县建立可持续的面向中小学的社会性别主流化教育制度，并作为性别平等教育的制度化试点进行推广，推动各级学校向中小学生开展全面具体的社会性别主流化教育，改变学生固有的社会性别概念。岗巴布民族手工艺品合作社理事长三木吉女士介绍了长江村手工纺织业合作社的经验。合作社的手工艺品主要包括藏毯、氆氇单、藏靴制作、手工雕刻等。三木吉女士凭借着"传承民族工艺、发扬民族文化"的信念，走出了一条青海手工纺织业的特色发展之路。云南农业大学杜发春教授做了题为《三江源牧民生计转型动力机制》的发言。南京农业大学博士研究生韩晓芬做了题为《香格里拉市尼汝村氆氇产业发展》的报告，对迪庆藏族氆氇产业的发展情况、氆氇工艺及其制作技术、氆氇产业及其扶贫等方面进行了深入的研究。云南农业大学学报编辑部窦薇博士通过对德钦县达日生态移民村、香格里拉市小中甸格玛啦藏毯发展中心和尼汝村的调查，对手工纺织技艺传承困境进行了深度思考。最后，云南农业大学人文社会科学院院长秦莹教授做了点评和总结，她认为，江西、青海和云南案例调查研究表明，传统手工纺织扶贫是农村精准扶贫的重要方面，但几个地方的案例有一定差别：香格里拉市尼汝村的氆氇产业为土生土长的传统产业；德钦县达日村目前进行的是迪庆州内的技术嫁接，即从引进尼汝村的腰织技术到达日村改良纺织技艺；而小中甸格玛啦藏毯发展中心则是引进了省外甘南藏族的技术融入迪庆州。以上三个案例实现了手工纺织技术的多元融合，起到了传承民族文化和助力精准扶贫的作用。

三、研、教、学、产四位一体融合

项目组开展的生态移民社区藏族妇女减贫行动研究，旨在以藏族传统手工编纺织技术培训促进生态移民社区妇女能力建设，采取了深度调研、田野观察、问卷调查、小组访谈等前期摸底，以"把技师专家请进去，把优秀学员带出来"的方式开展了两次专业的手工编纺织技术培训。第一次培训以示范为主，74人参加，达到了推广带动的效果；第二次培训以体验式教学和交流为主，17人参加，实现了精准施教的效果。从政府、妇联到藏族妇女都对手工编纺织技术的传承和创新有了新的认识。一是学员学习兴趣变浓，并掌握了新的传统腰织技术；二是政府积极倡导，迪庆州妇联出台文件，支持传统手工艺产业发展，并印发了《迪庆州妇联开展"乡村振兴巾帼行动"实施方案》的通知，把"支持发展妇女手工纺织产业纳入工作规划，结合当地实际引导贫困妇女突出区域特点、文化特色和民族特质，宜绣则绣，宜剪则剪，宜编则编，依靠妇女手工增加经济收入。积极争取各方支持，扶持一批妇女手工龙头企业，发展一批各级各类妇女手工创业就业基地，提高手工产品市场竞争力和影响力，引导贫困妇女从事手工编制和来料加工，带动更多贫困妇女实现灵活就业、脱贫致富"作为实施工作的重点任务。

几年来，手工编纺织技术培训在生态移民社区藏族妇女手工艺技能提升方面取得了一定的成效，但同时也存在着一些不足。第一阶段德钦县生态移民社区妇女手工编纺织技能培训由于是第一个技能培训，经验不足，再加上当时报名的村民人数过多，报名116人，实际参加74人，培训规模较大，组织工作较为复杂，学员学习效果和掌握情况一般。第二阶段达日村民族手工艺交流培训开展了规模较小、易于组织的"精准"培训，村民都能得到技师的指导、都有轮番试练的机会，17位村民基本学会了传统腰织技术。这17位村民是原羊拉乡归吾村罗多小组移民搬迁到达日村移民社区的组民，全部都参加了访谈、问卷调查和第一次培训。然而，在发展专业合作社、推进社区手工业和组织妇女进行生产营利方面仍面临一些挑战。

　　在培训班上，联合国妇女署高级项目官员马雷军博士为参与培训的学员颁发了印有联合国妇女署和云南农业大学新农村发展研究院印章的培训证书。这是科技进藏培训项目中比较值得一提的经验，学员们取得证书既得到了精神鼓励、增强了自信心，又能提升参加各类培训班学习的积极性；此外，团队认为培训证书能为藏族妇女外出到手工艺企业从事相关纺织工作提供就业帮助。团队成员鲁茸拉木同学也顺利完成硕士论文，将迪庆藏族传统手织工艺的传承和发展进行了学术分析，作为研究资料具有较好的文献参考意义。此次云南德钦县手工编纺织技术培训项目的实施是云南农业大学"研、教、学、产"相结合的一次成功实践。

第十二章

对口帮扶羊拉乡

云南农业大学新农村发展研究院杜发春老师团队 2014 年 4 月第一次到达德钦县羊拉乡，此后他就把羊拉乡作为开展科技扶贫研究的项目点，每年都要进驻羊拉乡 2—3 次。参与项目的人员除云南农业大学新农村发展研究院外，还有来自经济管理学院、人文学院、校工会、体育学院等教师 18 人，参与各类项目研究的博士研究生 2 人、硕士研究生 10 人。依托各类项目，团队在德钦县羊拉乡开展了扶贫脱贫调查研究、羊拉乡志编撰、研究生培养、养蜂培训、手工纺织培训、藏蜜特色产业基地建设等活动。

一、组织编撰《德钦县羊拉乡志》

羊拉乡素有"鸡鸣三省"的美誉，地处德钦东北部，滇、川、藏三省交界，金沙江西岸，东与四川省巴塘县、得荣县的 5 个乡（镇）隔江相望，西北和北面与西藏自治区芒康县的 2 个乡接壤，南接德钦县的奔子栏镇和升平镇。由于受地理、交通、气候等因素影响，羊拉乡经济社会发展起步晚，起点低，贫困程度深。多年来，在上级和有关部门的帮助和支持下，羊拉乡发起了脱贫攻坚战，实现了民生改善、社会稳定和民族和谐的目标。编修《德钦县羊拉乡志》（以下简称《羊拉乡志》），是对羊拉乡文化扶贫的重要体现，可为羊拉乡跨越式发展提供支撑，为积极推进迪庆州建成全国藏区跨越发展和长治久安示范区提供借鉴。

新农村发展研究院从2015年3月至2020年12月历时近5年，已完成《羊拉乡志》第五稿50万字，将由云南科技出版社出版。《羊拉乡志》具有三个主要特点：一是《羊拉乡志》内容涵盖羊拉乡经济、社会、民族、宗教、文化和各项事业，充分彰显了羊拉乡的地方特色、民族特色、文化特色；二是《羊拉乡志》全面系统地记述了羊拉乡自然、政治、经济、文化和社会的历史与现状，既贯通古今，又涵盖各行各业，将为认知羊拉、了解羊拉、建设羊拉、发展羊拉提供丰富的地情资料，是一部"前有所稽、后有所鉴"的"百科全书"，将对教育后代起到很好的传承作用；三是《羊拉乡志》在资料的选择上不但做到了有著述性，而且体现了时代性，尤其是"羊拉精神"，体现了在中国共产党领导下，尤其是在习近平新时代中国特色社会主义思想指导下羊拉乡脱贫攻坚和民族和谐发展的成绩。

《羊拉乡志》编撰过程大事记如下。

（1）2014年4月，云南农业大学新农村发展研究院首次进入德钦县羊拉乡开展扶贫调查研究。

（2）2014年7月，云南农业大学新农村发展研究院高原特色农业与扶贫社会服务团到羊拉乡开展入户调查，并在甲功村罗仁小组开展社区发展循环基金试点工作。

（3）2015年3月，新农村发展研究院开始策划帮助羊拉乡编修《羊拉乡志》，计划在2018年底完成。

（4）2015年7—8月，新农村发展研究院师生8人到羊拉乡收集资料。

（5）2016 年 3 月 8 日，编委会邀请云南省人大常委会农业工作委员会原主任、省扶贫办原主任阿扎到云南农业大学新农村发展研究院座谈《羊拉乡志》编修工作。

（6）2016 年 3 月 25 日，编委会成员在昆明拜访了羊拉乡籍著名歌唱家（国家一级演员、云南省音乐家协会副主席）宗庸卓玛老师，畅谈乡志编修工作。

（7）2016 年 5 月 8 日，羊拉乡人民政府成立了"羊拉乡乡志办公室"，负责协助云南农业大学师生编修乡志的总体谋划。

（8）2016 年 5 月 22 日，编委会邀请原迪庆州委常委、迪庆军分区政委白开喜，云南省民委调研员六茸农布到云南农业大学新农村发展研究院座谈羊拉乡志编修工作。

（9）2016 年 7 月 10 日，《羊拉乡志》编委会第一次全体会议暨乡志推进协调会议在香格里拉召开，会议得到羊拉乡籍的迪庆州和德钦县领导的大力支持（图 12 - 1）。

图 12 - 1 《羊拉乡志》编委会第一次会议（2016 年 7 月 10 日，香格里拉）

（10）2016 年 7—8 月，编委会在德钦县档案馆查阅整理了羊拉乡1959—2005 年 46 年间 530 卷的档案资料，丰富的历史档案文献资料为完成《羊拉乡志》奠定了坚实的基础。之后编委会对收集的资料整理形成了 78 本历史资料，总字数约 400 多万字。编委会成员又于 2016 年10 月、2017 年 1 月、2017 年 10 月、2017 年 11 月、2018 年 1 月先后 5次到羊拉乡进行追踪访谈。

（11）2016 年 9 月至 2018 年 7 月，云南农业大学编委会成员在原有稿件的基础上，着重对 78 本历史材料进行研读、分类、归纳、提炼和总结，形成了 50 万字《羊拉乡志》初稿。

（12）2018 年 7 月 22 日，《羊拉乡志》编委会第二次全体会议在香格里拉迪庆州林业局会议室召开。会议由德钦县羊拉乡党委、羊拉乡人民政府主办，云南农业大学新农村发展研究院协办（图 12 - 2）。

图 12 - 2 《羊拉乡志》编委会第二次全体会议（2018 年 7 月 22 日，香格里拉）

（13）2018 年 7 月—2019 年 8 月，云南农业大学新农村发展研究院到羊拉乡开展养蜂技术培训期间，编委会又完成了第三稿和第四稿修改。

（14）2020 年 6—10 月，组织编委会对《羊拉乡志》进行最后定稿，2021 年将由云南科技出版社出版。

二、实施社区发展循环基金

社区发展循环基金是以扶贫和社区发展作为主要目标，在贫困村建立的由社区群众共同拥有，社区群众自行管理，以小额度信贷形式在社区内部滚动使用，服务社区群众生产生活的周转资金。通过实施社区发展循环基金项目，可以在项目社区实现以下效益：第一，解决群众贷款难的问题；第二，提高群众参与社区公共事务的积极性和社区内部的凝聚力；第三，为社区公共事务管理提供一个有效的、可持续的发展工具。本行动研究的工作思路为：通过推动社区开展社区发展循环基金活动，建立社区自主管理机构（管理小组）；通过一系列社区基金管理活动，提高社区公共事务管理意识和管理能力（管理小组带领牧民制定管理制度、发放贷款、回收贷款、催收欠款、合理使用利息等）；形成一个办事公正、群众信赖、有工作能力、可持续的社区管理机构；推动社区自主改善草场管理，实现生计发展和草原保护的平衡协调。

2014 年 7 月 14—21 日，项目组赵捷、杜发春、冯彦敏、高松、杨益成等 5 人到德钦县羊拉乡甲功村对社区发展循环基金试点研究的具体事项进行调研。项目组得到迪庆州农牧局、德钦县委县政府和德钦县羊拉乡人民政府的支持和帮助。

德钦县羊拉乡由于受地理、交通、气候、历史、风俗习惯等因素制约，全乡的经济社会发展十分缓慢，是迪庆州海拔最高、地域最边远、气候最恶劣、贫困程度最深、生存条件最差、交通最闭塞、基础设施发展最落后、经济社会发展最缓慢的集"边、远、少、穷"为一体的贫困乡。羊拉乡甲功村属于高寒山区，是羊拉乡政府驻地，海拔为 3200 米，适宜种植小麦、核桃、青稞等作物，人均耕地 1.3 亩。全村辖 14 个村民小组，有农户 233 户，人口 1310 人，劳动力 670 人，其中从事第一产业人数 473 人。农民收入主要以种植业为主。现在，村里没有小学，小学生必须到 147 公里外的德钦县第二小学（奔子栏镇）就读。2019 年该村义务教育在校学生中，小学生 106 人，中学生 75 人。

　　基于对当地农牧民的意愿调查，经与羊拉乡政府、甲功村委员会协商，社区发展基金试点研究确定在甲功村罗仁村民小组实施，待试点成功后再扩大到整个甲功村。

　　罗仁村民小组距离村委会驻地距离 8 公里，有农户 13 户，人口 82 人（其中 16 岁以下 14 人，常年在外务工 10 人，80 岁以上老人 4 人），全部为康巴藏族，其中男性 43 人，女性 39 人。2013 年村民年人均纯收入为 3600 元，主要以种植业为主。经济作物主要种植核桃、苹果、石榴等。进村道路为土石路。村民居住于土木结构的藏式住房。目前存在的主要困难和问题是交通不便、产业结构单一。

　　结合对该村的深入调查，项目组对村民进行了广泛的项目宣传，让他们了解什么是社区发展循环基金，项目的目的、将来可能开展的活动、村民在项目中的角色、对村民可能带来的生计改善机会等。在进行项目宣传时，重点介绍以下几个要点：（1）明确了资金权属，社区发展循环基金是属于自愿参与的每一个家庭的，而不是集体或管理者的；（2）阐明了社区发展循环基金集中管理的重要性，若分散到各家各户，因钱太少而做不了事；（3）介绍了参与者需要承担的义务，包括一起讨论、制定并在今后的运行中遵守社区发展循环基金的各项规定，按时还款等；（4）明确了社区发展循环基金的基本原则，即自愿参加、自主管理、有借有还等；（5）强调藏族妇女的参与。

在此基础上，团队两次召开村民大会。第一次村民大会实到村民代表27人（其中女性17人，男性10人），第二次实到村民代表34人（其中女性23人，男性11人）。在村民大会上，团队进一步介绍项目情况和如何通过成立项目管理小组来开展项目活动，管理好这笔属于全村人的钱。然后让村民讨论项目管理小组由几个人组成，需要哪些角色。村民经过认真讨论，认为管理小组应该由3个人组成，分别是1个组长，1个管理钱的（出纳），1个管账的（会计）。同时需要一个监督小组，由3人组成。接着开始选举管理小组成员，先制定管理小组成员提名基本要求，公开提名，然后进行无记名投票，选举产生管理小组成员和监督小组：

管理小组组长：鲁茸扎西；出纳：阿区（女）；会计：鲁茸吉层 。

监督小组组长：肖勇；成员：冬梅（女），阿鲁。

管理小组和监督小组成立后，项目组即对之进行培训。培训的内容主要包括：参与式理念与方法、建立小组的内部分工和内部管理制度、小组的一般工作原则、财务管理、小组成员集体决策、冲突解决和沟通协调等。之后，协助管理小组和监督小组讨论、制定内部管理制度。接着，培训管理小组如何带领群众一起制定社区发展循环基金管理制度，介绍项目组在青海省玉树州治多县多彩乡拉日村的一些经验，以及社区发展循环基金的基本原则、信贷设计思路等，并与管理小组和监督小组成员一起，针对罗仁村民小组的具体情况进行了较为深入的讨论，建立社区发展循环基金管理制度的基本框架。最后，项目组与管理小组一起，讨论确定了以后一段时间的工作任务，即在社区与群众如何管理好社区发展循环基金，强调一些关键的地方要由群众做主，如借款利率的确定、借款期限的确定、借款最大额度的确定等。

2014年8月至9月，在当地协助者农布先生的协调和帮助下，管理小组和监督小组在征求群众意见的基础上，最终形成社区发展循环基金管理制度（表12-1）。

表12-1 罗仁村社区发展循环基金管理制度（要点）

（1）管理小组和监督小组	召开村民大会，选出3人组成的管理小组，3人组成的监督小组
（2）本金	6万元，其中：4.8万元（80%）属于发展基金，1.2万元（10%）用于应急基金； 农户缴纳的参加费：100元/户，总计1300元
（3）村干部作用	村干部1人入选进入管理小组，担任监督员，负责外部协调和监督
（4）借款额度	发展基金借款：不高于7000元/户； 应急基金借款：不高于3000元/人
（5）借款利率	按实际借款时间计算，不足1个月按1个整月计算； 用于农牧业发展和自营活动的借款：月利率0.42%； 用于应急性（生病、上学等）的借款：月利率0.29%
（6）借款期限	用于农牧业发展和自营活动的借款：最长不超过10个月； 用于应急性（生病、上学等）的借款：最长不超过5个月
（7）借款用途	农牧业发展（如购买牲畜、农业生产资料、做小生意）
（8）借款时间和还款时间	农牧业发展借款：每年9月中旬借款，次年7月前还款； 应急性借款：随借随还，最长不超过5个月

续表 12 - 1

（9）借款户数	用于农牧业发展和自营活动的借款每轮借款户不能超过 8 户；用于应急性（生病、上学等）的借款每轮借款户不能超过 4 户
（10）利息用途	放入本金：利息的 50%；管理费用：利息的 5%；管理人员的补助：利息的 5%；公益金：利息的 40%
（11）应急资金的管理	总金额：12000 元；用途：看病、小孩读书交学费等；借款金额：不高于 3000 元/户；利率：月利率 0.29%

　　2014 年 10 月，云南农业大学将 6 万元启动金汇给了管理小组。2014 年 11 月，管理小组通过了第一轮 7 户村民借款，用途为农牧业生产 4 户，建房 3 户。每户 7000 元，还款时间为 2015 年 7 月前，越早越好。

　　从 2015 至 2020 年，社区发展循环基金已经在罗仁小组循环了 6 次，在精准扶贫中发挥了应急和生产作用，受到了当地农民的欢迎（图 12 - 3，图 12 - 4）。

图 12 - 3　罗仁村民小组社区基金管理代表大会合影（2015 年 7 月）

图 12 - 4　管理小组和监督小组在
农布家商讨社区基金管理制度（2015 年 7 月）

三、帮扶藏蜜特色产业基地

1. 羊拉乡被列为"藏蜜特色产业基地"

德钦养蜂历史悠久，德钦藏蜜产业发展基础扎实，特别是德钦羊拉乡拥有悠久的养蜂历史和天然优质的养蜂条件。德钦羊拉乡自古以来就有家家养蜂的习惯和传统技艺，并且蜜源天然、丰富，含多种青藏高原特有的珍贵天然野花，如：野薄荷、野党参、雪莲花、野荆棘等。藏蜜保留了蜂蜜中的天然酶和原有的营养物质，富含多种维生素、矿物质、氨基酸、酶类，同时羊拉乡无污染的生态环境为蜜蜂提供了适宜的生存环境，使得羊拉藏蜜芳香甜润，是天然、无污染的原生态食品。羊拉乡藏蜜产业已初见规模，该乡 90% 的农户均养蜂，户均蜂桶（蜂箱）约10 个，部分养殖大户有上百个蜂桶。

在此基础上基于实地调查和研究，2018—2019 年新农村发展研究院在联合国妇女署项目资助下，与迪庆州妇联、德钦县妇联、德钦县科协在羊拉乡甲功村联合开展了前后三次养蜂技术培训，150 余藏族养蜂人参加，《环球时报》和《中国日报》三次进行了报道，取得了较好的养蜂技能培训效果和社会效益。德钦藏蜜产业对脱贫攻坚做出的贡献显著。养蜂收入占当地藏民年家庭总收入的 8%，户均年养蜂收入约 1600 元，人均年养蜂收入 450 元，个别养蜂大户年收入达 8 万元。2019 年，羊拉乡 4 个村实现了脱贫摘帽的目标。

蜜蜂养殖是羊拉先民祖祖辈辈传下来的一项原始技术。羊拉无污染的自然环境也深受蜜蜂青睐，在很多山崖上蜜蜂都安下家，羊拉乡家家户户都有蜂桶，很多村民都会管护蜜蜂，但每一户的产量并不高，到城里销售路程远、成本高，加之缺乏加工技术、产品外观和卫生条件不好，卖不了好价钱，山高路远限制了村民销售自己农副产品的积极性。为了做强羊拉的蜂蜜产业，2016 年，在县、乡党委政府的支持下，甲功村投资 12 万元成立了羊拉生态食品加工有限公司，主要生产和出售"羊拉藏蜜"。

2019 年 8 月，羊拉乡甲功村被云南农业大学新农村发展研究院列为"藏蜜特色产业基地"（图 12 - 5）。

图 12 - 5　藏蜜特色产业授牌合影（2019 年 8 月）

2. 推荐甲功村阿江荣获全国"新农人奖"

阿江全名为鲁茸江措，是甲功村村委会主任，他带领大山深处的藏族农牧民脱贫致富。阿江出生于 1968 年 10 月，童年时由于家境贫困，他只上完小学就回家务农了。农村实行联产承包责任制后，阿江不甘于守着几亩薄田过日子，在改革开放的大潮中走上经商之路。羊拉是全省最后一个通公路和通柏油路的乡镇。在大山的怀抱里，羊拉也拥有虫草、中药材、野生蜂蜜等优质地方特产，但由于交通等条件限制，很多产品都变不成商品。头脑灵活的阿江看准商机，走上了收购虫草、松茸、中药材的经商之路。在过去 10 年，阿江创办生态食品销售公司，通过经营生猪养殖及销售、蜜蜂养殖及蜂蜜销售、本地野生土特产销售等增收产业。精准脱贫攻坚战开始后，阿江带领全村群众通过成立农牧民生产合作社，开展电商服务，发展养蜂、养藏香猪、种植核桃等特色产业。2016 年，在县、乡党委政府的支持下，阿江在甲功村投资 12 万元成立了羊拉生态食品加工有限公司，主要生产和出售"羊拉藏蜜"。2018 年底甲功村实现了脱贫摘帽的目标。2019 年 9 月，阿江荣获全国"新农扶贫发展奖"（图 12 - 6）。

图 12 - 6　阿江荣获"新农扶贫发展奖"（2019 年 9 月）

新农扶贫发展奖是农业农村部和"中国农民丰收节"组织指导委员会向为农业科技创新做出贡献的人所颁发的奖项，旨在表彰具有重要示范作用的前沿农业科技创新项目。本次评选历时近三个月，由 11 所高校领导和国内著名"三农"专家组成评选委员会，面向全国范围收集、评选出了 12 个典型项目和科技应用带头人，通过以奖促建的方式，激发农业科技创新与人才的社会影响力。相关奖项包括新农技术示范奖、新农产业振兴奖、新农扶贫发展奖、新农致富进取奖、新农电商成长奖、新农创新进步奖等 6 类奖项，共 12 位获奖者。2019 年 9 月 23 日，在第二个中国农民丰收节之际，由全国首批 10 家新农村发展研究院主办，新电商拼多多协办，中国农业大学新农村发展研究院、云南农业大学新农村发展研究院和中国农业大学云南校友会承办的"首届新农人奖颁奖典礼暨新农人论坛"在昆明洲际酒店举行。在开幕式上，第十二届全国人大常委会副委员长张宝文、云南省人大常委会副主任纳杰、中国农业大学校长孙其信、农业农村部市场经济与信息司司长唐珂、教育部科技司副司长檀勤良等领导致辞。南京农业大学党委书记陈利根、中国农业大学副校长龚元石、浙江大学党委副书记邬小撑、西北农林科技大学副校长钱永华、华中农业大学党委副书记副校长姚江林、四川农业大学副校长吴德、安徽农业大学党委常务副校长操海群、湖南农业大学副校长曾福生、云南农业大学副校长孙海清为获奖者颁奖。

3. 筹建中国农技协德钦藏蜜科技小院

德钦藏蜜科技小院拟以羊拉生态食品加工有限公司为依托单位，吸取中国农业大学科技小院培养适应农村农业生产发展需要，培养研究生浓厚的三农情怀、扎实的理论功底和实践技能以及创新能力的高层次应用型专门人才的优点，探索依托德钦藏蜜科技小院传递政府关怀——拉近政府与农民的距离；传授知识技术——提高农民的科技素质；了解农民需求——加强相关研究的针对性；锻造农技队伍——加强农技人员的服务能力；构建服务网络——提高农业技术入户的效率和促进县、校融合——形成农业跨越发展合力的运行模式。

拟建的德钦藏蜜科技小院距羊拉乡乡政府2公里，交通方便，紧靠羊拉公路，可用无线网络。羊拉生态食品加工有限公司成立于2016年，2017年利用自筹资金77万元和政府投资40万元建成现代化藏蜜加工厂房和生产流水线，并申请ISO认证，现有工作人员5人（阿江、次里都吉、益顶、鲁茸次里、鲁茸益定）。

羊拉生态食品加工有限公司现有2间办公室，化验室、消毒间、洗瓶间、包装间和更衣室各1间，共7间房130平方米，院子80平方米。一间办公室可作为科技小院常住研究生的实验室，另一间为研究生宿舍。饮食上可在羊拉乡政府职工食堂搭伙就餐或买菜做饭。另外，紧挨加工厂旁边还有一个220平方米的藏家小院，有房10间，目前常住的只有羊拉生态食品加工有限公司经理阿江的妹妹一家3口人，现有空房6间。藏家小院门口有一个60平方米的停车场。小型技术培训可在藏蜜加工厂进行，中型技术培训可安排在甲功村村委会会议室，能容纳60—70人。

云南省农村科技服务中心每年从"三区人才"项目中派遣蜂学专家到德钦羊拉现场指导蜂农养殖技术和藏蜜的生产加工。科技小院配备3—5名研究生常住小院开展跟踪服务和实验研究。常住研究生是从东方蜜蜂研究所和新农村发展研究院选拔而来，他们具有较强的蜂学专业知识。通过政府、专家、学校的支持既提高蜂农的技术水平又确保藏蜜的品质，为科技小院的正常运行提供人才培养和科技支持。迪庆州科协、德钦县科协、羊拉乡政府、羊拉铜矿等地方政府部门和企业，每年联合筹集藏蜜科技培训经费。依托科技小院提供的生活工作条件及附属的科技示范、培训、宣传设施，藏蜜科技小院开展与农业技术集成创新和示范推广有关技术集成、技术示范、农民培训、技术宣传和人才培养等工作，探索集成技术、示范推广和人才培养模式，促进粮食增产、农业增效、农民增收和农村社会和谐发展。

四、提出脱贫攻坚的"羊拉七子经验"

"羊拉"藏语意为"牦牛的角尖"，因其地形呈南北长、东西窄的牦牛角而得名。羊拉乡地处云南藏区德钦县东北部，位于云南、四川、西藏三省交界地带，是迪庆州唯一与西藏和四川接壤的乡镇。1978年一支由5名年轻党员组成的民兵连，为了家乡建设从羊拉出发到阿东村，徒步翻越甲午雪山，历时一个月的时间，将一台东方红推土机运到公路尽头后，拆开部件，以蚂蚁搬家的形式将一件件沉重的部件运过甲午雪山，运回羊拉，再拼装起来推田造地，数百亩荒坡变成了田地，书写了"老羊拉精神"。

羊拉乡下辖的 4 个行政村均属于深度贫困村。2014 年，全乡有建档立卡户 423 户 2379 人，贫困发生率高达 59.3%。截至 2017 年，全乡仍有建档立卡户 366 户 2053 人，占全乡总人口的 36.84%，贫困发生率仍高达 21.82%。羊拉乡贫困人口多，扶持难度大、返贫率高，贫困发生率远高于全国、涉藏省区以及民族地区平均水平，是深度贫困的典型。

精准扶贫开始后，在上级党委政府的坚强领导下，在各级相关部门和社会各界的大力支持下，羊拉乡在 2018 年底脱贫摘帽，贫困发生率从 2014 年的 59.3% 下降到 0.4%。这得益于充分发挥吃苦耐劳的"羊拉精神"，创新探索并形成了脱贫攻坚的"羊拉七子经验"。

（一）"班子"——组织建设，筑牢脱贫攻坚的战斗堡垒

民族地区脱贫攻坚关键在党，关键在人。羊拉乡基层党支部以"八有"目标为引领，使服务成为基层党组织建设的鲜明主题，持续引导精准扶贫与基层党建的工作双推进。一是严格执行脱贫攻坚"一把手"负责制，认真落实"五级书记"抓扶贫工作责任，乡、村、组三级成立了以书记为组长的扶贫工作领导小组，带头弘扬"特别能吃苦、特别能干事、特别能协作、特别能奉献"的"羊拉精神"。羊拉乡政府所在地面向甲午雪山，海拔 3169 米，冬天气温经常零下 10 摄氏度。在羊拉有一种说法："进去羊拉乡就不想出来，出去了就不想进去。"但在羊拉这样的艰苦地方有一种巨大的精神力量，激励一批又一批干部职

工扎根雪域高原，无私奉献、甘于坚守，传承和发扬羊拉精神。如羊拉村支书仁巴干事做人就像一颗钉子，不忘初心，扎根基层，默默坚守在老羊拉村20多年，带领群众脱贫致富奔小康，被群众亲切地称为"钉子"书记，他生动诠释了新时代"羊拉精神"。羊拉乡党委书记立青农布从2012年开始在羊拉一干就是8年，是德钦县在同一乡镇任职最长的干部。他和妻子、儿子、父母生活在不同的地方，聚少离多。他觉得最对不起的是家人，而全乡900多户人家都留下过他的足迹。在5700多名乡亲眼里他是儿子、兄长、朋友，藏族群众都亲切地称他为"阿吾立青"（意为立青大哥）。2019年，立青农布荣获"云南省五一劳动奖章"。二是采取"村企共建"党支部的方式，向羊拉矿山、旭龙电站、丹达河电站等工矿企业的党组织中派驻农村党员，积极探索"村企共建党组织"的方式和途径，让企业了解农村实际，了解贫困群众的需求，让企业能对症下药，提升扶贫成效。三是开展系列专题教育，引导形成党员推荐脱贫的责任意识。如开展"解困除难显力量"专题教育，凝聚基层党员的力量，积极培养带领群众脱贫致富的能人，充分发挥党员的先锋模范作用；开展"拥护核心，心向北京"教育，激发广大党员牢固树立核心意识和责任意识，重点加强在维稳重点区、矛盾纠纷多发地、重点工程建设一线开展责任教育，将利益多方拧成一股绳，与脱贫打一场攻坚战。通过强化"班子"建设，"党建＋扶贫"模式不仅让羊拉乡"大变脸"，而且让基层党组织成为群众扶贫攻坚的主心骨，羊拉社会稳定、宗教有序、人民安居乐业的局面得到有效巩固。五年间羊拉乡农民人均纯收入翻两番，2018年底脱贫摘帽。

（二）"路子"——基础设施，夯实脱贫攻坚的硬件支撑

要想富，先修路。交通运输是民族贫困地区脱贫攻坚的关键性和先

导性条件，道路交通是撬动民族地区脱贫攻坚的支点。羊拉乡从地理位置上处于三省交界处，是"鸡鸣三省"之地，自古以来长期处于封闭状态，具有明显的自给自足特点。羊拉乡在脱贫攻坚中，以道路交通为核心的基础设施建设已成为云南藏区脱贫攻坚的严重制约因素。

羊拉乡在上级党委、政府的坚强领导下，在加速农村公路建设的同时，紧紧围绕脱贫攻坚这个中心任务、发展农村特色产业，着力完善交通建设规划布局，有针对性地优先实施"扶贫路""产业路"项目建设。羊拉乡党委和政府在广泛调查研究的基础上，摸清全乡的地理优势和交通状况后，提出了打造"三通四纵"的交通网格建设规划。一是拓宽改造羊拉通乡公路，并全线都铺上柏油，有效解决了羊拉乡群众出行难问题；二是打通与西藏和四川连接的公路，德徐公路（德钦县羊拉—芒康县徐中）初步打通，德巴（羊拉—四川巴塘）公路已经开工建设，羊拉乡交通"死角"的状况逐步被打破；三是实施完成了加宽改造通村公路129公里和开工建设通组公路110公里硬化工程，总投资达1.3亿多元；四是狠抓项目实施，大力改善全乡各项农业农村基础设施。2017年实施了110万元的茂顶村水土保持治理项目；实施以工代赈项目435.5万元；在甲功村角贡、罗仁2个小组实施了150万元的特色村寨建设项目；开工实施1000万元整乡推进项目。此外，开展水务灌溉工程、安全饮水提升工程、小流域治理工程、光伏提水工程等水利工程建设，开展田间道路建设、高标准农田建设、新垦农田建设等农田基本建设，夯实农业现代化建设基础，交通扶贫效益显著。一方面，通过加快推进交通基础设施的建设，进一步完善内通外联的网络结构，有效解决了羊拉乡群众出行难的问题，有利于将贫困地区的资源优势转化为经济优势和发展优势，帮助贫困群众走出去，接受新事物，开阔眼界，打开思路；另一方面，通过对贫困地区基础设施特别是道路建设、交通基础设施建设的投入，给贫困地区创造了大量的就业机会，能够改善当地贫困农村的生产生活条件，改变农村地区的落后发展面貌。

（三）"票子"——发展产业，拓宽群众增收致富渠道

在脱贫攻坚工程中，羊拉乡党委政府千方百计积极推进调整产业结构，依托云南藏区自然资源条件和特色产业优势，围绕高原特色农业发展和片区产业扶贫规划，立足羊拉资源禀赋、优势特色、产业基础、区域政策等条件，大力培育和壮大油橄榄、养蜂、生猪养殖等特色产业，确保贫困群众在产业发展中获得实实在在的利益，使产业开发成为广大农户增收致富的重要途径。一是发展附子等中草药种植，并形成产业规模；二是开展油橄榄和葡萄等经济林果种植，并形成规模；三是发展藏香猪、藏蜂、牦牛等养殖业；四是成立行业专业合作社，提升规模效应，降低市场风险；五是依托羊拉乡良好的外出务工传统和基础，在香格里拉设立了劳务输出服务中心，为广大外出务工者和用工单位提供劳务信息、扩大劳务渠道，开展就业培训、提高外出务工者素质；为了破解集体经济培育难和贫困群众增收难的问题，由4个村总支、乡劳务中心和40个贫困户出资设立的羊拉乡农村劳务专业合作社已完成工商注册登记，开始运营；六是充分发挥种植业与养殖业的产业优势，利用互联网平台，发展电子商务，加强羊拉乡网上销售平台建设。目前，羊拉乡产业格局基本形成，产业发展体系逐步完善，产业的增收致富效果逐渐体现出来，产业增收对家庭增收的贡献率开始超过农业收入。

（四）"房子"——住有所居，实现贫困群众的安居保障

按照脱贫攻坚"两不愁、三保障"的要求，改善农户居住环境也是脱贫攻坚的重要目标之一。不少民族贫困地区生存条件恶劣、生态环

境脆弱、自然灾害频繁，以及各个村民小组之间居住过于分散偏远、基础设施公共服务难以配备，导致"一方水土养育不了一方人"的状况。羊拉乡群众多聚居于半山区、高寒山区，山高谷深，道路崎岖，交通不便，村民小组及耕地分布在高寒山区，平均海拔在 3100 米以上，基础建设成本极高。通过整合整乡推进、基础设施建设，将住房建设与产业发展相结合、与"就路就学就医就业"方便的地理优势相结合，让生活在边远、深山、高海拔、缺水等恶劣环境中的贫困群众，真正实现"挪穷窝、改穷业、换穷貌、拔穷根"。对易地搬迁户"坚持挪穷窝与换穷业并举、安居与乐业并重、搬迁与脱贫同步"。在广泛调研、认真做实摸底调查前，把握好项目进度这个抓手，进一步明确易地扶贫搬迁工程实施细则、易地扶贫搬迁明白卡等政策措施；明确各主体责任；实行多头并进，做好典型示范工作。让困居在恶劣生存环境中的群众搬出"穷窝"，以此断"穷根"、谋"新路"，才能与全省人民一道奔小康。2016 年至 2017 年共组织乡内集中易地搬迁 44 户，实施农村扶贫安居工程 4 户，共 272 人。2018 年 10 月，归吾村和甲功村别吾小组 1055 人搬迁到香格里拉市雅瑞安和社区。他们曾经散居在极度寒冷缺水的山头，缺衣少食，全年入不敷出，就算到乡政府所在地，也要走上一整天，正常生活受到严重制约。人们除了自给自足，几乎没有任何商品交易。如今，达日村俨然一个繁华的小集镇，菜市场里每天有新鲜的蔬菜和肉食以及各种水果，小商铺销售着各种日常用品，街道两边还开起了餐厅、台球室、茶室，仅仅两三年的时间，移民户的生活就发生了翻天覆地的变化。

（五）"对子"——社会帮扶，形成脱贫攻坚的强大合力

脱贫攻坚本来就是一场硬仗，而深度贫困地区脱贫攻坚是这场硬仗

中的硬仗。打赢这场硬仗仅依靠政府的力量还远远不够，必须坚持政府、市场、社会新"三位一体"的大扶贫格局。通过"结对子"，把力量、资源向扶贫基层聚集，以务实的金融支持、健康支持、产业支持和文化教育支持助力脱贫攻坚，汇聚羊拉乡脱贫攻坚的强大合力。充分运用企业帮扶力量，改善村社基础设施和培育产业。云铜集团作为羊拉乡省级"挂包帮""转走访"联系单位，积极为羊拉乡脱贫出谋划策。一是提出了"按照'一户一策'的原则，确定各项帮扶措施"的要求，按照"因地制宜""一户一策"的思路制定了"挂包帮""转走访"脱贫攻坚帮户措施。目前，云铜集团完成了 55 户贫困户建档立卡工作，就"一户一策"帮户措施与群众进行了充分沟通协商，明确了产业帮扶、教育帮扶、就业帮扶、特困帮扶、物资采购五大类帮扶措施，并为相应举措初步确定了 2016—2020 年五年资金预算。2014 年，云南农业大学团队在调研中发现羊拉乡的特殊地理位置，长期封闭使其保留了云南藏族的典型特点和民族风俗文化的完整性，这为民族文化保护和学术研究提供了很好的空间。为此，一方面，通过编撰《羊拉乡志》记录羊拉发展轨迹，全面总结"羊拉精神"的科学内涵及其当代价值，探索"羊拉经验"，研究多行政区域统筹推进经济发展和社会稳定的有效路径；另一方面，在羊拉乡甲功村罗仁小组开展的社区发展循环基金项目，通过群众对资金的集体管理，缓解了当地贫困群众资金难的问题，将行动研究项目点放在羊拉，通过加强科技培训来增强羊拉群众的自我发展能力，利用联合国妇女署等资助项目，聘请有关专家积极开展养蜂疾病防控、养蜂技术创新、蜂业品牌建设及蜂业资源保护等工作。

（六）"本子"——建档立卡，奠定精准脱贫的识别基础

羊拉乡按照规定和要求开展建档立卡，瞄准对象扶真贫。通过认真

开展入户调查，做到心中有数。摸清"真贫"之人，摸透"真贫"之因，施以"真扶"之策，明确"真扶"之责。紧紧围绕"应纳尽纳""应退尽退""应扶尽扶"政策标准加强建档立卡动态管理，确保"贫困户一个不漏，非贫困户一个不进，贫困原因个个门清，脱贫门路户户有数"，实现"零漏评""零错评""零错退"。具体而言：一是严格按照"报、查、评、审、批"五个环节，采取"农户申请，村民评议，逐级审核，张榜公示"的方式，精准识别出贫困人群后建档立卡，建立了翔实的数据资料库，对贫困人口坚持分类指导，对症施策。每一个贫困户都建有"脱贫档案卡"，从卡上可以掌握脱贫进展情况，有效解决了帮不到点上、扶不到根上、扶不到真贫问题。二是做好瞄准问题扶真贫，加强对贫困对象动态管理。在动态管理中做到了组织培训到位、工作力量到位、政策宣讲到位、严格程序到位（动员培训—组建村动态管理工作队—政策宣传学习—贫情分析—入户调查—信息复核—提出拟订方案—公开评议—村"两委"初定—村民代表会议定—乡镇审定—县确定）、严格监督把关到位、收入测算精准到位，确保贫困对象动态管理工作取得实效。

（七）"孩子"——教育优先，消除贫困根源拓宽群众增收的致富渠道

羊拉乡在历史发展过程中，从未忽视过下一代教育问题。从羊拉这样一个艰苦地方走出的干部和艺术家不在少数，其中厅级干部 4 人、县处级干部 23 人。著名歌唱家宗庸卓玛就出生在羊拉乡甲功村别吾小组。从 21 世纪初至今，为了更好地利用有限的教育资源，迪庆州实行了集中办学制度。2016 年为了更好地关爱幼儿，羊拉乡重新办起了幼儿园。在精准扶贫过程中，将更多的教育扶贫项目资金投入到基础教育中，使

升学率不断提升。羊拉乡通过教育扶贫，让应上学的孩子能够顺利完成学业，让更多的孩子走出去看到外面的世界，阻断贫困的代际传播，成效显著。

五、总结新时代"羊拉精神"

深度贫困地区的脱贫攻坚是集发展、民生、民族团结进步与社会和谐稳定于一体的民生工程。羊拉乡抓"七子"是习近平总书记在中央西藏工作会议上提出的"依法治藏、富民兴藏、长期建藏、凝聚人心、夯实基础"的治藏原则在迪庆深度贫困地区脱贫攻坚过程中逐渐形成的鲜活经验。

"羊拉七子经验"得益于充分发挥"特别能吃苦、特别能战斗、特别能奉献、特别能协作"的"羊拉精神"，在新时代体现为不畏艰辛、不计回报、默默坚守、攻坚克难、坚韧不拔、爱岗敬业、忠诚奉献的崇高精神。

正是有"羊拉精神"扎根雪域高原，迪庆州三县脱贫摘帽目标如期实现。2019年，羊拉乡获得"云南省扶贫先进集体"称号；德钦县人大常委会副主任、羊拉乡党委书记青农布荣获"云南省五一劳动奖章"；羊拉派出所荣获公安部"公安楷模"称号、全国"人民满意的公务员集体"称号。2019年6月25日，第九届全国"人民满意的公务员"和"人民满意的公务员集体"表彰大会在北京举行，习近平总书记在人民大会堂亲切会见受表彰代表，向他们表示热烈祝贺，勉励他们不忘初心、牢记使命，在本职岗位上做出更加优异的成绩。

为加强干部教育培训保障体系，根据《干部教育培训工作条例》和《2018—2022年云南省干部教育培训规划》，省委组织部组织开展了

第二届全省干部教育培训好课程、好案例、好故事推荐评审工作。经省委组织部会同有关部门组成专家组集中评审，确定第二届全省干部教育培训好课程 30 门、好案例 30 个、好故事 30 个。

2020 年 12 月，省委组织部公布《关于印发第二届全省干部教育培训好课程、好案例、好故事目录的通知》，《"羊拉精神"扎根雪域高原——德钦县羊拉乡脱贫攻坚的实践经验》荣获好案例三等奖。

第十三章

农业信息化服务

为了解德钦县农村发展的困难，探索从信息化角度解决地方发展难题，由云南农业大学组建的专家团队自 2014 年开始持续在德钦县开展三区服务，主要选择了云岭乡果念村和羊拉乡甲功村。团队首先对其产业发展情况、农民收入情况、劳动力情况、农村信息化建设情况等进行了全面调研，分析其发展中存在的困难，结合地方发展需求针对性开展服务。6 年来，两村庄都结合自己产业借助电子商务和数字化技术，推广现代农业技术和生态旅游产业，辅助推进农业农村现代化，逐步发展成熟了蔬菜、水果、养蜂、乡村旅游等产业，并取得了可观的经济效益。

团队由云南农业大学从事农业信息化和农村科技发展研究的博士硕士组成，负责人为机电工程学院李文峰副教授、硕士生导师、云南省青年拔尖人才、昆明市中青年学术技术带头人，是云南省农业大数据工程技术中心的技术骨干，团队成员共有 7 人，以农业信息工程与技术专业、农村科技发展专业的研究生为主。团队长期从事农业农村信息化的研究和服务工作，熟悉农业信息技术、农村信息化模式等。

团队服务的地点是德钦县羊拉乡甲功村和云岭乡果念村。羊拉乡甲功村地处金沙江流域，属于半农半牧经济类型，有丰富的森林资源和药材资源。森林主要分布在海拔 3000 米以上，以杉、松为主，有丰富的林下资源，如松茸、半肚菌、獐子菌等，森林间有高山牧场，可供畜牧业发展，有各种野生药材，如虫草、贝母、知母等，并有各类珍稀的野生动物，经济林木有核桃、桃、梨、苹果等。云岭乡果念村地处澜沧江峡谷地带，三江并流腹地，东以白马雪山山脊为界，与奔子栏镇接壤，西靠梅里雪山，与怒江州、西藏地区相连，南与燕门乡毗邻，北与佛山乡、升平镇山水相连。经济以农业为主，少部分村以旅游服务业及生物产业为主。

一、调研农业产业与农村信息化问题

1. 关于服务区的主要困难问题调研

第一是德钦县两服务地区的基础设施严重落后，这种落后体现在交通、农田水利、农业机械、农资服务等多个方面。每年 8 月份前后，雨季到来，道路塌方导致的封路现象时有发生。当地发展的油橄榄、蔬菜等产业面临用水困难的问题，农田贫瘠且主要分布在坡地上，农民从事生产活动困难。第二是农民知识和技术水平不高，农民普遍受教育水平较低，在生产中接受新技术困难，采用现代信息手段获取知识的能力也不高，接受培训时候，对新知识的理解掌握较慢。第三是农业产业仍然以低收益的种植养殖为主，加工也发展缓慢，这导致农业总体收入提高有限。当地缺少现代企业的入驻，农产品不能及时加工不仅使农牧民收益低，也会因为销售不及时产生市场风险。

2. 关于农村发展现状和产业情况的调研

2016 年到 2019 年，团队多次对云岭乡当地基层干部、致富带头人、普通农户等进行调研（图 13 - 1）。团员通过入户访谈了解到，近 5 年来甲功村农业机械化建设加快，农民生产效率大幅提升。几乎每个家庭都购买了微耕机、谷物脱粒机，有的还购买了小型拖拉机等。机器的应用大幅减轻了原有的劳动强度，部分家庭缩短了一半左右的劳动时间，大批剩余劳动力纷纷外出打工。当地的产业结构发生了变化，由原来的青稞、小麦为主变为了以玉米、青稞为主，家庭饲养犏牛、牦牛的数量大为减少，蜜蜂养殖、核桃种植等产业逐渐发展壮大。在当地政府的帮助下，羊拉乡每户农民家中建起了一分地面积的温室大棚，解决了自家的蔬菜供给问题，极大地丰富了农户的饭桌。2018 年底，政府还为每家每户配备了大容量的垃圾桶，并集中处理农户日常生活的垃圾，甲功村的村容村貌得到较大改善。每当问到近几年收入情况时，村民往往还未回答，脸上就已露出幸福的笑容。农民的获得感、幸福感得到大大提升。

图 13-1 调研家庭生活、经济收入、农业产业现状

3. 关于农村信息化的调研

随着科技的发展，手机已然成为必需品，智能手机更是集社交通讯、信息获取、影视娱乐、舆论发表等于一身。当下 4G 的普及和 5G 的出现更是将手机的地位推向了另一个高度。人人即媒体、全民直播、短视频的普及与风靡等一系列的现象正慢慢改变着人们的生活方式，也印证了手机在人们社会生活中的重要性。团队 2016 年主要从农村信息化现状方面入手，调查了羊拉乡多户家庭，其中主要包括手机、电视、电脑及各类信息传播媒介的使用了解（图 13 - 2）。

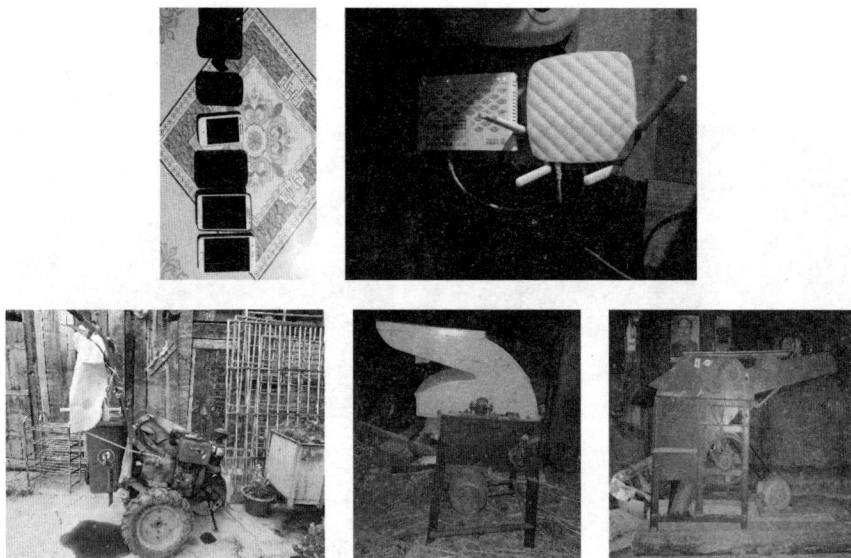

图 13 - 2　当地家庭使用的网络设备和小型农业机械

作为深度贫困地区的羊拉，智能手机真正意义上的普及是在 2017 年左右，使用智能手机的年龄范围主要集中于 15—50 岁之间，其手机价格主要集中在 700—2000 元之间。在羊拉地区，40 岁以上的用户对于智能手机的应用主要是在社交通讯方面；在信息获取上，如大型气象灾害预警等，也主要通过政府工作人员在社交软件上发布的信息为主。15—40 岁用户在智能手机的应用上，除了集中于社交通讯方面，对影视娱乐、时事新闻以及网络消费方面的需求更强，关注更多。50 岁以上用户，使用的多为 2G 和 3G 手机，主要用作电话的拨打接听，很少有人使用智能手机。

电视作为传统媒体的重要载体，在信息传播方面发挥着重要作用。随着社会科技的进步和人们需求的增加，传统电视也在不断发展，目前已发展成为基于数字流和互联网的新的传播媒体。羊拉地区，在 2017 年左右网络电视、数字电视几乎全面普及。同样，各个年龄段对于电视的需求也不一样，青少年在观看电视上主要侧重在娱乐，如动画片、剧情片等。20—30 岁之间的农户对于电视的需求度低，一般也只在茶余饭后看电视剧。30—55 岁年龄段的农户对于电视的依赖性较强，除了看剧情片、纪录片以外，还通过电视了解时事新闻、农业方面的相关知识以及气象信息等。

随着互联网的迅速发展，电脑在人们生活中必不可少，现在大部分工作几乎都要借助电脑来完成。羊拉地区在 2017 年左右网络便普及开来，而电脑在深度贫困地区的羊拉比较稀少。普通农户家庭中，中老年人几乎没有人去使用电脑，日常的农作更是没有人借助电脑去完成；年轻一代对于电脑的应用较多，但主要用在个人工作与娱乐方面，很少涉及农业方面、耕作方面。

综上所述，羊拉地区作为深度贫困地区，在这几年中，农村信息化现状有着很大的改善，但同样也存在着众多不足。当地盛产蜂蜜与核桃，但这两类保质期较长的产业却仅仅停留在了传统销售上。虽然政府在当地进行了电子商务方面的培训，但农户并没有将优秀农产品推向网络。若能够在网络上打开销路，提升品牌效应，羊拉地区的农村经济发展又会上一个台阶。其次，人们在手机的应用上，还只是停留在娱乐与通讯方面，对于农业信息、未来天气信息的获取上并没有过多的要求，没有充分利用手机带来的便利条件，更没有人将羊拉地区独特的自然景观与人文特色利用手机在网络宣传。对于羊拉这样大山中的乡镇，很多人是有着憧憬与向往的。羊拉利用自己独特的风格与特色，可以吸引游客前来参观，以进一步发展旅游产业，增强当地经济收入。电脑使用方面是一个很大的缺口，这与当地的计算机人才缺失也有着重大联系。这同样也意味着，农业信息化在羊拉当地发展薄弱，在当下大数据、云计算、物联网等风靡的今天，农业信息化将是一个大的趋势。如何更好地利用计算机技术提升当地农业产量，应该是当下农村发展过程中需要考虑的重要问题。因此，羊拉地区若在经济发展的基础上开展信息化种植养殖，将会为羊拉地区的发展开辟一条阳光大道。

4. 关于农业机械化的调研

羊拉乡甲功村受恶劣的自然条件限制，1999 年以前，交通以人马驿道为主。1999 年底羊拉通乡公路建成；2014 年，羊拉迎来通乡柏油路，人背马驮逐渐被现代的公路运输所替代，外界的思想文化和资本开始大范围影响甲功村。甲功村发展开始加速。

通过对羊拉乡甲功村五户农户的访谈，工作人员了解到，近年来，当地农业生产机械化建设加快，农民收入增加，基础教育设施更加完善，羊拉乡发生了巨大的变化。

（1）农业机械化建设加快，农民生产效率大幅提升。机械化的建设主要体现在机耕和机收两个方面。限于地形交通等因素，羊拉乡不适合大型农机耕作，所使用的农机以户有小型农机为主。机耕方面，近五年来，甲功村村民购买微耕机、拖拉机等小型农机，用以替代耕牛耕地、拉肥和装运庄稼。与牛耕相比较，使用微耕机耕地效率更高，可节省一半的时间，耕地效果更好，土壤更加疏松，利于农作物的生长。机收方面，目前的机械收获主要是人工收割后，使用电动脱粒机将收回的玉米、青稞和小麦等作物脱粒归仓。机器的应用大幅地减轻了原有的劳动强度，缩短了一半左右的劳动时间，极大地提高了收获时节的抢收保粮能力。

（2）机械化建设节省人力，剩余劳力输出增收入。得益于农业机械化的建设，维持原有的农业生产需要的劳动力数量减少，大批剩余劳动力纷纷外出打工。当地人的外出务工地以迪庆州和西藏为主，主要在建筑工地劳动，工资200元每天，外出务工极大地改善了当地农户的经济条件。当然在附近打工可以随时回家，既能照顾家庭也能增加收入。

（3）产业结构逐步调整，农民收入来源多样化。随着羊拉柏油马路的全线贯通，羊拉乡与外界的交流更加方便。在当地政府的引导下，羊拉乡的产业结构逐渐发生变化。在原有的粮食作物种植和饲养犏牛、牦牛的半农半牧的产业结构基础上，蜜蜂养殖、核桃种植等产业逐渐发展壮大，农民建立了生产合作社，相关产业逐步走向组织化，农民收入渠道增多，日子越过越好。

（4）蔬菜大棚丰富农民餐桌，垃圾箱守护美好环境。在当地政府的帮助下，羊拉乡每户农民家中建起了温室大棚，用以解决自家的蔬菜供给问题。每户大棚占一分地，内有喷灌设备，可全年生产，农户根据自己的意愿种植相应的蔬菜，极大地丰富了农户的饭桌。此外，政府还为每家每户配备了大容量的垃圾桶，设立了专门的垃圾处理厂，集中处理农户日常生活的垃圾，保护羊拉的美好环境。

（5）基础教育设施更加完善，升学率不断提高。在当地政府的推动下，羊拉乡基础教育设施日渐优化，校舍等硬件设施更加完善，师资力量不断增强，入学率不断上升；高等教育不断发展，大学生、研究生数量日益增多；重视教育的意识在当地人民的思想中日益增强。

二、信息技术培训提升基层科技水平

为落实 2014 年云南农业大学与迪庆州州校合作、与德钦县的校县合作相关内容，2015 年 10 月至 2020 年 9 月，团队在果念村开展科技服务活动，到实地现场服务 60 余人次，累计服务时间 100 多天，工作内容主要包括农村电子政务建设指导、农业信息化模式和技术指导、赠送信息技术书籍等，双方还通过 QQ、E - mail 等方式建立了信息服务模式。

1. 制作和赠送信息技术类科普材料

为提高村电子政务水平、村干部使用电脑等现代信息手段的能力，指导村民应用手机进行信息查询、通讯交流、电子商务等，团队在现场调研基础上，自编自制了信息技术普及推广的小册子，内容主要是使用手机百度、手机微信、手机支付宝、手机淘宝等程序的方法，小册子在两扶贫点发放一百余份；团队还从新华书店、清华书屋等处购买实用的计算机技术书籍以及其他相关农业技术书籍，免费赠送给村委会，通过赠送书籍丰富了其农家书屋信息化类、本地农业产业类的实用图书资料。

2. 开展信息技术培训

团队多次对村委会工作人员进行办公软件的培训，深入村委会办公场所，与基层干部和办事员进行交流，了解了农村自动化办公情况、网络建设和应用情况，对其遇到的网络问题、软件操作问题等，尤其是在其实际应用操作系统 Windows XP 和 Windows 8，办公软件 Word、Excel、PowerPoint 和 Photoshop 等中遇到的问题——进行了解答，通过示范切实解决了办公过程中的实际问题。同时团队应地方要求探索利用电子商务拓展农产品销售的模式，为提高村电子政务水平和村干部使用电脑等现代信息手段的能力，指导村委会干部和农民利用手机了解生产技术，利用党员远程教育平台宣传农产品，利用淘宝、拼多多等电子商务平台销售农产品等，为农产品销售提供了更流畅和多元的渠道。

3. 现场指导和普及信息技术

团队为村委会构建 QQ 群，建立 E－mail 账户，组建微信圈，宣传新农村发展研究院建设的远程视频会议系统等，提供了更流畅和多元的通信渠道；为推广信息技术在农业中的应用，团队对果念村葡萄和蔬菜种植基地、种植企业建设情况进行了调研，了解了蔬菜生产和销售情况，对当地企业和农民如何使用网络，搜索市场信息、农技信息等进行了指导，通过入户调研了解村民需求，现场指导手机应用、连接网络，解决现实中遇到的问题，并为部分家庭组建了家庭局域网，对群众如何使用 QQ、微信、博客等进行了指导，尤其对农民如何应用互联网开展电子商务进行了说明。

4. 信息技术与产业结合服务地方产业发展

为加强信息技术应用，真正为当地农业产业发展提供服务，依托现代信息技术与村委搭建了多元的在线服务模式，包括应用 QQ、E－mail、微信、在线培训平台等，提高了农村政务工作效率和水平。团队还购买和刻录农业技术视频 70 多套，涉及核桃种植技术、葡萄管理技术、生猪养殖技术等，无偿赠送给村委会。2016 年 10 月至 2020 年 9 月，团队多次在果念村开展科技服务活动，指导蔬菜现代化生产（图 13-3）。

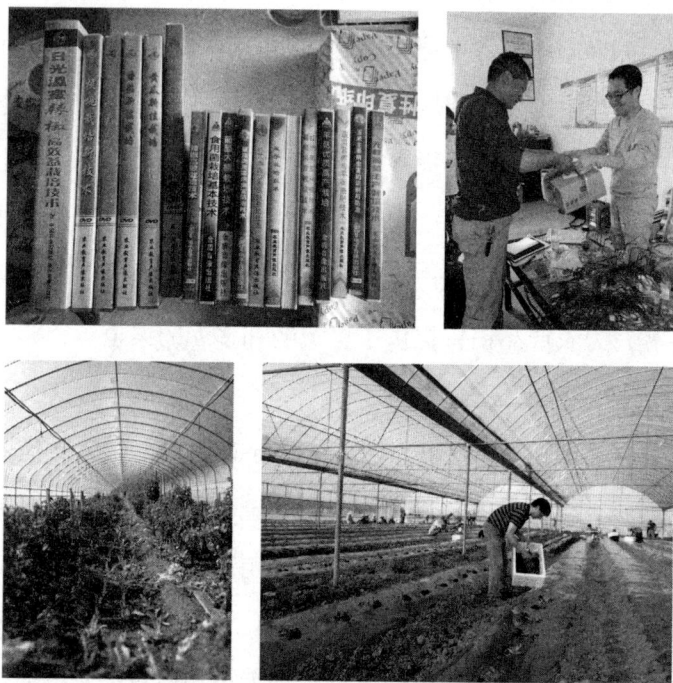

图 13-3　向村委会赠送信息技术、果蔬种植技术光盘书籍资料、
指导村民建设蔬菜大棚和蔬菜种植技术

果念村隶属于德钦县云岭乡，距县城 40 千米，最高海拔 6740 米，平均海拔在 2730 米，地形地貌特征是峡谷长、大山重叠。团队经过调研和交流，确定了果蔬生产指导工作方案。为解决当地蔬菜供应短缺而且价格昂贵的问题，2017 年团队开始开展果蔬生产指导服务，无偿赠送村委会各类实用的光盘 18 套，涉及辣椒、黄瓜、番茄、魔芋、葱蒜、韭菜、核桃、葡萄、蓝莓等果蔬类的种植技术。团队包函可老师邀请蔬菜专家张应华教授多次来到田间地头，了解当前生产问题，有针对性地

解决技术难题，现场指导和示范，培训蔬菜现代化生产技术。通过三年的指导服务，为当地建起了现代化的蔬菜生产基地。目前各类蔬菜长势良好，农民蔬菜栽培水平有了很大提高，蔬菜产业合作社逐步成熟，增加了当地农民收入。该服务为提高当地蔬菜生产水平，解决菜篮子问题发挥了重要作用，得到村委会和生产户的认可和欢迎。

三、区域数字化服务生态旅游和农业布局

1. 生态旅游线路设计

"转神山"是当地农民的一项重要文化活动，多吉扎冲神山自然景观和人文景观相互交融，20世纪80年代吸引着滇、川、藏三省的僧侣和民众来朝拜，如今却鲜有人来。应羊拉文化站的邀请，为传承转神山活动及挖掘其蕴藏的美好价值理念，也为响应"健康中国"的规划，更好地锻炼身体，团队围绕神山规划了徒步旅行路线。2019年8月，团队在文化站人员的带领下在甲功村进行了半天的神山徒步调查。在徒步过程中，团员不仅看到了秀、奇、幽的自然景观，也体验了转神山背后的文化。经实地考察后，团队发现现在的多吉扎冲深山徒步旅行路线文化背景需要再整合，自然景点沿途还存在着休息站的缺失、路线的安全性有待提高等问题。随后，团员与当地政府人员进行了深入探讨，针对目前面临的诸多问题合理规划了旅行路线，撰写了多吉扎冲神山的详细介绍，并基于谷歌地球（Google Earth）设计了"多吉扎冲神山徒步旅行路线图"。当地由于地理等多种因素的限制，属于深度贫困地区，依托自然和人文景观规划徒步旅游路线，不仅能够为当地经济增长注入新的动力，而且有利于传承当地文化。

2. 区域生态环境数字化

羊拉乡和云岭乡都具有复杂的地形地貌特征，耕地资源较少且空间

221

差异明显，这给农业产业科学布局合理区划带来困难。课题组对此开展研究，基于云南省测土配方施肥的土壤分析数据，应用 GIS 技术进行数字化和空间分析，明确了研究区的耕地分布情况，对与当地农业生产相关的主要气候和土壤要素进行了数字化处理，制作专题图，包括年积温、年降水、土壤氮磷钾有机质等养分含量、土壤类型、质地酸碱度等因素，这些因素对于海拔梯度变化极大的羊拉和云岭地区，具有重要的指导作用，成为当地农业产业布局和科学实施作物生产管理的重要依据（见图13 –4，图 13 –5）。

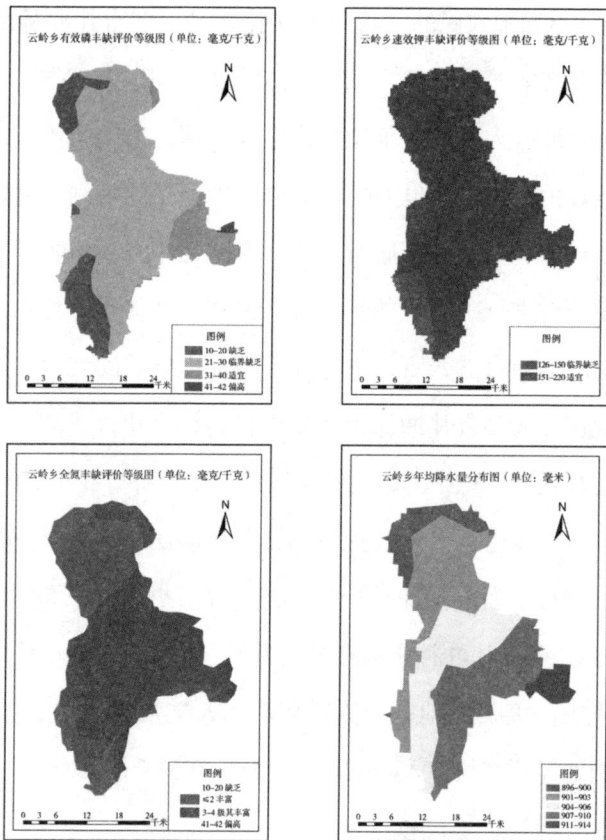

图 13 – 4　云岭乡主要土壤养分的空间分布图

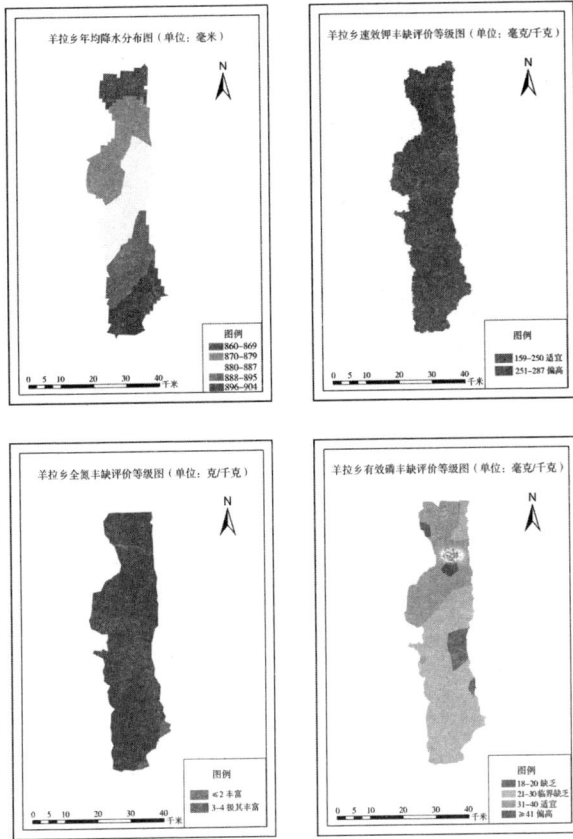

图 13-5 羊拉乡主要土壤养分的空间分布图

四、科学规划信息化促进乡村振兴

按照科技进藏和三区人才社会服务的要求和预期计划，云南省科技特派员、三区人才、云南农业大学团队自 2016 年开始，率领团队近 20 次累积 100 多天持续在迪庆州德钦县云岭乡和有"云南北极"之称的羊拉乡开展扶贫和社会服务工作。多年来团队就该地区农村信息化、果蔬现代化种植、养蜂产业技术服务、生态旅游发展规划、农村学生学业指导、农村产业发展调研等内容开展社会服务活动，产生了显著的经济社会效益。通过调研，团队从宏观角度为迪庆科技服务提出了四点建议。一是找准产业。第一，迪庆有特殊的气候环境条件，所以不是所有产业都适合；第二，迪庆有特色的生物和产业资源，这个是先天优势，要注意挖掘相关产业；第三，迪庆基础设施落后，导致部分产业有瓶颈；第四，迪庆生产生活方式有传统和信仰的特点，产业发展要与文化相适应，当地人更能接受的产业要优先发展。二是落实指导。迪庆农户受教育水平和交通条件限制，对新技术接受程度有限，部分具有较高技术要求的产业发展困难，对新技术的学习难度大，因此服务过程中，要加大指导，从原来的以集中培训为主尽量转移到现场指导、服务过程中来，重视对致富带头人和基层干部的指导。三是强调带动。迪庆相对贫困是面的问题，在服务过程中要重视对具有较好辐射带动作用的产业、企业、合作社、带头人的指导，从而以点带面，实现共同富裕的目标。四是加大投入。偏远和落后的交通条件导致科技服务成本高，团队每次服务所产生的交通费昂贵，时间成本也高，因此服务投入不足直接导致服务次数、服务深度、服务质量都难以达到预期水平。

而在农业信息化建设方面，团队提出以下建议。

1. 改变信息表现形式和推送方式，让百姓用得上

目前，果念村互联网建设成果实用性不强，百姓看不懂，不会用。大量投入形成的信息化成果的表现形式主要包括网站平台、设施设备、应用系统、数据资源等，各类项目内容涵盖了生产技术服务、产品市场服务、技术培训服务等内容，这些内容非常贴合地方产业发展和农村发展需求，然而却利用率不高。究其原因在于信息表现形式和推广方式，这些成果多以文字、图片为主要表现形式，以计算机终端为主要查看方式，这些都不是老百姓喜闻乐见的。另外，计算机比较笨重，在农村普

及率不高，而手机、电视等的利用率高，尤其是手机微信。然而团队在调研中发现，云南各大书店、农业信息服务网站关于农技相关视频光盘资料相当有限。

在"互联网+农业"的建设过程中，需要改变信息表现形式和推送方式，让百姓看得到、看得懂、用得上。其信息内容、推广方式、推广时间都应该转变。首先，信息内容上，要大量录制农业实用技术视频，视频内容要结合云南产业实际需求，以实际操作为主，而不是理论讲授，要重视具有友好交互功能的手机软件的开发推广。其次，推广方式上，既要利用好电视等传统方式，也要结合手机新媒体方式，尤其要重视手机微信、公众号、App和兼容手机显示的网站的开发与推广，让老百姓不仅看得懂，还能够方便地学习，而流量成本问题则不需要考虑。从技术发展规律和趋势看，流量的资费正在快速降低，今后将不会是困扰百姓的主要问题。再次，推广时间上，要与时令相结合，与地方发展实际相结合，在农民需要的重要时间节点，及时以多种方式将急需的市场信息、政策信息、技术信息送到百姓手中，雪中送炭，切实解决农民需求。

2. 培育新型经营主体，让效益有载体

"互联网+脱贫"无处下手，找不到产生效益的载体。云南省各大研究所、实验室、中心已经积累了大量研究成果，但是难以打破最后一公里，服务到农民手里；而广大基层贫困地区，面对蓬勃发展的互联网大潮，也不知如何融入，如何借力。究其原因是缺少能够发展"互联网+"的实体产业。"互联网+"不能脱离实体，没有产业，就没有了产生经济效益的载体。很多贫困地区缺少产业带动，农户自给自足，生产规模小，产业标准化程度低，市场竞争力弱，产品不能转化为收入。

"互联网＋脱贫"要以培育农业产业为前提，找到产业依托，让效益有源头。因此对贫困地区，边远农村地区，发展"互联网＋"首先应扶持农业产业，其主要方式如下：一是鼓励各种规模的专业合作社、农业企业、个体经营等多样化的农村经营主体，促进农业生产经营现代化，通过产业把农民、农户、农产品凝聚起来，以电子商务丰富产品销售渠道，打开农村市场；二是发挥农村基层干部的作用，在基层干部的引导或直接指挥下，发展农业产业，并为其在土地、技术、信息、市场等方面提供服务和便利条件，且在培育产业的同时，注意标准化和市场化，注意提升产品的市场竞争力，为发展"互联网＋"奠定基础；三是注意农业产业的多样化，为规避市场风险，鼓励多样化的农村和农业产业，比如协调发展水果、蔬菜产业，同时也鼓励地方特色食品加工业、农村手工业等，从而提高农业生产效益。

3. 发展农产品生鲜物流，让"互联网＋"无短板

如果电子商务发展所需的配套服务跟不上，其发展就有瓶颈、有风险。单纯一味地强调互联网技术，强调精准农业、电子商务等，其他配套服务跟不上，就会形成木桶短板效应。云南省很多农村基层就存在这样的问题，农村想发展电子商务，但是当地物流跟不上，或者有了快递业务，可是对于生鲜商品，在冷库链物流、冷藏、运输方面的服务业还没有健全，这种情况下如果盲目发展"互联网＋"，扩大生产规模，发展电子商务，很可能导致产品滞销，或者产品因运输问题造成市场纠纷。如有的水果企业，因为运输过程中水果损坏、腐烂，买方拒绝收货和付款，从而造成损失。

农产品电子商务的大力发展，对物流提出了更高要求。需要大力发展生鲜物流，促进产品多样化，让"互联网＋"无短板。未雨绸缪，

226

在发展产业前做好规划，可以通过以下三种方法：一是配套建设好生鲜农产品的包装、冷藏、加工等服务设施和产业，保证产品上市时，有足够的条件，保证产品都可以保证质量地走向市场，保证过剩产品可以冷藏或者转变为可以储藏的加工产品；二是鼓励订单式"互联网＋农业"发展模式，发挥互联网和大数据的优势，拉近市场与生产的距离，产销无缝对接，最大程度避免盲目生产，降低产品市场风险；三是加速产品的商品化品牌化，注意食品经营许可和相关法律程序的健全，重视产品质量的提升，结合质量安全在线追溯系统的应用，突出生态、安全品牌的建设和宣传，提高产品附加值。

4. 引导技术下基层，让技术有人干

乡村发展需求与上层人才、技术、成果严重脱节。互联网领域的人才大量集中在省城和少数大城市，这些人才以争取项目和成果研发为主要目的，与基层联系少，对基层发展服务不够。近年来，一系列的人才培训项目对基层人力储备产生了一定效果，但仍不能满足地方发展需要。一个典型的现象是基层人才流失严重，青壮年也越来越少。部分基层干部和致富能人虽有意识、想发展，但是找不到人来做，不知道怎么做，也不知道获得人才技术支持的渠道，基层需求和上层人才技术严重脱节。

要引导技术下基层，紧密对接，让技术有人干。要解决脱节的问题，要么让基层有能人，要么让基层有意识并且有获得人才指导的渠道，要么让人才主动下到基层带着项目去发展事业。主要途径如下：一是继续加强基层人才培训，人才是基层发展产业的关键，人才培训开拓了基层干部和能人的事业，即使不能使其成为专家也能够激发起基层干事的思路和需求，因此应该继续加强新型农民培训、农村基层干部培训

227

等，其中农村干部是重中之重，因为干部具有较好的学习能力，有服务意识，有做事情和联系项目的渠道；二是通过项目和政策，让人才走下去，比如三区人才项目、精准扶贫项目等，在政府资助下，不仅要重视资助，更要重视执行，引导人才走下去，为基层干部搭建一个与技术人才对接的渠道，对有能力能干事的人才要加大政策支持和资助力度，鼓励其直接在基层创新创业。

后　记

　　本书是云南农业大学科技进藏助力迪庆脱贫攻坚工作的重要展示，由云南农业大学副校长李永忠教授主持编撰，得到云南农业大学新农村发展研究院项目"新农村建设与服务"（K2420200001）的资金支持。各章的写作分工如下：

　　前　言：李永忠；

　　第一章《科技进藏助力迪庆脱贫基本经验》：李永忠、陈晓、李国治、方文、许锐；

　　第二章《农业科技人才培训》：李国治、许锐；

　　第三章《高原特色农业编制规划》：李学坤；

　　第四章《中药材种植及加工》：李国治、许锐；

　　第五章《酿酒葡萄种植》：陈晓；

　　第六章《蜜蜂养殖》：杜发春、杨益成、张虎；

　　第七章《藏香猪养殖》：许锐；

　　第八章《尼西鸡养殖》：杨益成、杜发春；

　　第九章《中甸牦牛养殖》：许锐；

　　第十章《迪庆乳业》：路遥；

第十一章《妇女手工编纺织》：包函可、鲁茸拉木；

第十二章《对口帮扶羊拉乡》：杜发春、杨益成、窦薇、周子翔；

第十三章《农业信息化服务》：李文峰。

在编撰过程中，云南农业大学科技进藏服务团成员杨生超、刘涛、孟珍贵、汤东生、严达伟、孙永科、黄艾祥、宇淑慧、宋春莲、董霞、汪建明、匡海鸥、周丹银、潘鹏飞等老师提供了大量珍贵的材料。云南省科技厅，迪庆州科技局，迪庆州农牧局，香格里拉市、德钦县和维西县农科系统等政府部门，以及相关企业、乡村干部和农民给予了大力协助，在此一并表示衷心的感谢！

由于作者和编者的理论水平与研究能力有限，书中可能存在一些疏漏和不当之处，敬请学界同仁和广大读者批评指正。

编 者

2020 年 9 月